우리가 몰랐던
종교의 진짜 모습

고대로부터 현대로 이어지는 종교에 대하여

이 책을 저술하면서 각각의 종교 관련 경전과 출판물, 동서양 철학 및 인문학, 천체물리학 서적 등을 참고하였으나 너무나 방대하여 일일이 적시하기에는 많은 지면이 할애될뿐더러 출처 없이 간단하게 메모해 둔 문구도 많은 사정으로 참고문헌 적시는 생략하게 되었음을 밝혀 둡니다.

우리가 몰랐던

종교의
진짜 모습

임주완 지음

비움과채움

들어가면서

인류의 역사는 신(神)과 종교놀이로 점철되어왔다. 교세의 개척 시기이거나 교단에 힘이 없을 때는 권력자에게 혹독한 핍박을 받으면서 많은 신자가 순교 등으로 피를 흘렸다. 세력과 힘을 얻은 이후에는 반대세력을 구박하는가 하면, 전쟁과 이단 논쟁으로 얼룩진 역사를 만들기도 했으며, 심지어는 종교재판으로까지 이어지기도 했다.

신은 인간의 한계선을 그어 놓았으며 때로는 신의 이름으로 만든 피라미드 매트릭스의 실체가 인간의 권력의지임이 드러나기도 했었다. 그리고 가끔 신의 가면이 벗겨졌을 때 그 내면으로부터 인간의 탐욕이 드러나는 경우도 종종 발생했었다.

서양에서 종교를 뜻하는 릴리지온(religion)의 어원은 렐리가래(Religare)라는 산스크리트어에 근거하는데, 이는 '묶는다', '다시 잡아매다'라는 뜻이다. 이 말에는 교리에 따라 순종하라는 의미가 내포되어 있다. 즉 성경이라는 하나님의 말씀에 묶여 그 교리에서 벗어나면 안 된다는 뜻으로 해석할 수 있겠다. 이를 두고 어떤 기독교 신학자는 그 뜻을 하나님과의 재결합이라고 해석하기도 한다.

고대로부터 이어지는 문화와 관습을 종교화해서 그 힘을 창출한 전례가 오늘날까지 영향을 미치고 있다. 그 종교를 만든 인물과 추종자들은 자신이 속한 종교나 종파의 세력확장과 기득권 유지를 위해 부단히 노력해왔다. 인공지능과 메타버스 시대를 맞이하면서 원시 신앙 등에서 파생되어 온 종교가 미래에도 그 힘을 이어갈지 지켜볼 일이다.

종교가 삶의 수단일 때에는 순기능이 크겠지만 종교 자체가 목적이 될 경우에는 역기능으로 바뀔 수도 있다. 또한, 신을 중심으로 너무 치우치게 되면 보편성에서 벗어난 교리로 인하여 신에게 복종을 요구받게 될 가능성이 있으며 만약 종교지도자들이 신의 사자 행세를 한다면 그 종교나 종파는 타락하고 만다. 중세시대를 살펴보면 동서양을 막론하고 신의 이름으로 행한 종교지도자들의 욕구가 권력까지 탐하여 온갖 악행을 저질렀던 과거사를 확인할 수 있다. 지금도 신 중심 근본주의 교파의 경우 헛된 망상에 빠져 공포와 불안을 조장하여 구원과 영생을 주창하면서 인권을 유린하는 것도 접할 수 있다.

종교는 인간의 삶을 윤택하게 하거나 행복추구의 방편 혹은 삶의 지혜로 활용되어야 한다.

차례

제3장 과학과 철학, 종교

제4장 기독교와 이슬람교

제5장 불교와 힌두교

제6장 우리나라의 종교관

제7장 현실의 종교

제8장 우리가 지향해야 할 종교관

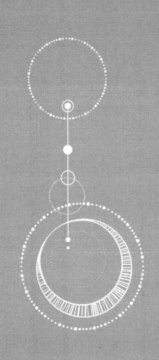

제1장

4대 문명과 종교

모든 것은 태양신으로부터

동서양을 불문하고 고대 인류가 믿었던 최초의 신은 바로 태양신이었다. 아침에 일어나서 보이는 것이 태양이고 그 태양이 떠오르면 만물이 되살아나고 사라지면 만물이 시들기 때문이다. 또한, 인간은 어떠한 경우에도 그 태양이 뜨고 지는 것을 멈추거나 바꿀 수도 없는 존재다. 바꿀 수 없다면 차라리 사랑하라는 말이 있듯이 그 태양을 사랑하고 신으로 받드는 게 고대인들에게는 최선이었을 것이다.

고대 4대 문명의 발상지 중의 하나인 이집트 문명에는 아톤(Aton)이라는 태양신이 있었고 잉카 문명에도 태양신을 모셨던 근거가 남아 있다. 이집트 왕조의 파라오였던 아크나톤(Akhnaton)은 나일강 유역으로 옮겨와 살고 있던 이민족(異民族)인 부족들을 하나로 통합시키기 위해 당시 주신(主神)으로 모시고 있었던 아몬(Amon, 감추어진 존재)을 몰아내고 그가 새로이 내세운 유일신인 아톤(Aton, 태양신)을 숭배하도록 하는 일종의 개종 조처를 했다.

그는 아톤의 위대함과 신성함을 전파하기 위해 기존에 존재하던 신전이나 설치물은 물론이고, 무덤에서조차도 아몬의 이름을 없애고 새로이 내세운 유일신 아톤으로 대체하는 것과 아울러 그 아톤을 찬미하는 찬가를 유포시켰다고 한다.

우리의 조상들 또한 태양을 유일적 존재로 인식하고 있었던 근거가 남아 있다. 〈삼성기 상(三聖記 上)〉을 지었다는 신라 시대의 선승(禪僧) 안함로는 태양을 두고 위독화지신(爲獨化之神, 홀로 그 뜻을 이루어내는 자)이며 광명조우주(光明照宇宙, 빛을 발해 우주를 비추는 자)라고 했다.

이러하듯 태양은 유일무이한 존재이기에 본불생(本不生, 생겨나기 이전의 근본)으로서 하늘의 유일신으로 숭배했다.

동서양을 불문하고 고대인들은 거석이나 거목도 태양과 같은 존재로서 어찌할 수 없는 위대한 대상이었고 영구불변하는 신령함이 깃들어 있다고 믿었기에 그 대상을 두고 오색천을 엮은 금(禁)줄을 치고 신으로 모신 것이 당산목과 거석신이다. 현재까지도 우리나라는 물론, 외국에서도 마을 입구에 있는 아름드리 당산목에 금줄을 치고 마을과 개인의 안녕과 번영을 기원하는 현장을 목격할 수 있다.

인간이 살아가면서 자연스럽게 자리 잡아 내려오는 신앙적 믿음은 고대인들의 토테미즘(Totemism)으로 수많은 정령과 무속 신앙의 대상이었다. 그런데 나라마다 태양신의 이름과 권능이 다른 것은 신이라는 추상명사를 각각의 민족마다 각각의 입맛대로 구체적 명사로 전환시켜 놓았기 때문이다. 우리 민족의 조상도 이러한 구체화를 통해 유일신으로서의 하느님을 만들게 되었다. 하지만 우리 민족의 하느님은 서구의 서학(천주교)이 들어오면서 성경의 야훼가 초창기에는 천주님이었다가 누군가에 의해 우리 조상들의 유일신을 모방하여 하느님으로 환치되었고 그 이후 다시 하나님으로 개칭되었다.

창세기 1장 3절을 보면 '천주님(하나님)이 이르시되 빛이 있으라 하시니 빛이 있었다(And God said, Let there be light)'라는 구문에서 보듯 성경 원문에는 'God'이라는 단어가 있을 뿐 '하나님'이라는 글자는 없다. 이를 통해 성경을 번역했던 초기의 신자들이 전도(傳道)에 용이하게 하려는 목적으로 오랜 옛날부터 우리 조상들이 가지고 있었던 유일신 하느님의 개념을 차용하여 '하나님'이라 이름 지었다는 사실관계가 입증된다.

신권(神權)이든 왕권이든 인류에 존재하고 있는 모든 권능은 인간이 만들었고 부여했다. 세 살배기 어린애였던 푸이가 청나라 황제로 등극하는 그 순간부터 백성들이 엎드리고 황제로 받들었던 것에는 힘 있는 사람들이 그 권능을 부여했기 때문에 가능했다. 이와 같이 이 세상에는 오로지 인간들이 그 권능을 부여하여 만들어진 신이 존재할 뿐이다.

태양신이건 당목이건 거석신도 인간에 의해 만들어진 신이다. 인간에 의해 창조된 신에는 좋고 나쁨의 상징성이 있는 것이 아니라 힘이 더 강하거나 힘이 약한 자의 신이 존재할 뿐이다.

마쿰바(Macumba)교, 부두(Voodoo)교, 산테리아(Santeria)교, 움반다(Umbanda)교, 칸돔블레(Candomble)교 등이 언제 어느 국가의 종교였는지를 기억하거나 분간하지 못하는 것에는 그 종교의 사상이 좋고 나쁨의 문제라기보다도 주변으로부터 우러러볼 만한 종족이었거나 거창한 신전을 짓고 세상을 좌지우지할 만큼의 힘이 부족했기 때문이다. 그동안 믿고 신봉하던 신이 아닌 다른 신을 믿는다는 것은 자신의 종교보다 다른 종교가 힘이 더 강하다는 사실을 인정하는 꼴이다. 이 세상 사람들은 자연스럽게 힘이 없거나 도움이 되지 않는 신을 버리는 대신, 힘 있고 도움이 되는 신을 찾아서 찬양하게 되는 법이다.

고대문명과 종교 유래의 큰 줄기

  인류의 대표적 고대문명 4대 발상지에서는 후세로 이어지면서 각기 특유의 종교가 태동했다. 세계 4대 문명이라고 하면 나일강 유역의 이집트 문명, 유프라테스강과 티그리스강 유역의 메소포타미아 문명, 인더스강과 갠지스강 유역의 인도 문명, 그리고 황하강 유역의 황하문명(黃河文明)을 일컫는다.

  이 고대문명 중에서 바빌론의 메소포타미아 문명에서 조로아스터교, 유대교, 크리스트교, 회교(이슬람교)가 생겨났으며, 인더스 갠지스의 인도 문명에서 브라만교, 불교, 힌두교, 배화교(자이나교)가 파생되었다. 나일강의 이집트 문명에서는 태양신인 아톤이라는 일신교가 생겨났으며, 또한 남미의 아즈텍, 잉카, 마야 문명도 태양신교를 낳았다. 유일하게 중국의 황하 문명에서만은 종교가 발생하지 않았다.

  이스라엘 민족이 바빌론 지역에 노예로 끌려갔을 때 그 지역의 신화들을 모은 후 이를 각색하여 만든 종교가 바로 유대교이다. 그 유대교에서 크리스트교와 이슬람교가 파생되었다. 그리고 조로아스터교는 메소포타미아 문명권에서 가장 먼저 생겨난 종교이다. 인도 문명에서는 아리안족이 만든 브라만교의 베다 경전에 수록된 여러 가지 전쟁 신화와 우파니샤드 사상을 계승하는 힌두교와 자이나교가 생겨났고, 브라만교와의 대척점에서 생겨난 불교가 있다. 이집트 문명에서는 아톤을 숭배하는 태양신교가 생겨났으나 대규모 집단의 종교로 발전하는 데에는 미치지 못했다.

고대의 4대 문명 중에서 유일하게 종교가 생겨나지 않은 황하 문명에서는 종교를 대신하는 학문이 생겨났다. 하늘과 땅에 의지하여 살고 있는 인간과 그 인간들의 집합체인 나라의 운명을 예측해 보는 역학(易學)이 발전을 이루었다. 그 역학이 주나라에 이르러 초석이 잡혔으며 춘추전국시대 여러 학자의 노력과 결집으로 경전화된 것이 역경(易經, 주역)이다.

주역(周易)은 종교가 아닌 철학서이자 치세서이다. 흔히들 공자가 십익(十翼)을 달면서 주역이 완성되었고 경전인 역경의 지위를 얻었다고 알려져 있는데 이는 사실이 아니다. 공자가 주역을 접한 시기는 70세를 전후한 나이였다고 추정된다. 외유를 마치고 돌아와 시경, 서경, 춘추 등의 자료정리에 몰두하기 시작한 것이 68세였고 논어에 주역과 관련된 문구가 나오지 않기 때문이다. 74세에 생을 마감한 그는 말년에 주역을 너무 늦게 접한 것을 통탄해 마지않았다고 한다.

현대에 들어와서 또 하나의 위대한 고대문명이 존재했었다는 사실이 밝혀졌다. 랴오허강 유역의 요하(홍산) 문명이 바로 그것이다.

이 홍산 문명은 기존의 4대 문명(BC 4000~BC 3000)보다 훨씬(수천 년) 빠른 시기의 문명으로 알려져 있다. 그런데 세계에서 가장 오래된 문명이라고 하는 요하 문명을 두고 중국은 그 실체를 제대로 공개하지 않고 있다. 그곳은 동이족과 고조선의 문화영역이라고 주장되던 곳이기 때문이다.

중국은 이 고대문명의 국가를 신비의 왕국이라고 부른다고 한다. 소위 동북공정이라고 하는 역사와 문화 등 총체적인 왜곡이 완성되는 시점에 홍산 문명을 공개하려는 의도겠지만 그 전에 중화인민공화국이라는 국가가 과거 소비에트연방처럼 여러 나라로 분리될 가능성이 더 크다고 본다.

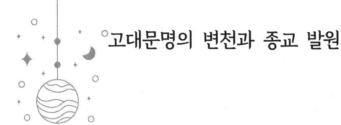

고대문명의 변천과 종교 발원

약 6천 년 전에 메소포타미아 문명을 검은 머리인 몽골계 혈통의 수메르족이 일으켰고 인더스 문명은 흑인계혈통의 드라비다족이 일으켰다. 그 뒤 3천여 년 전부터 유목 생활을 하던 아리안족이 물밀 듯이 밀려와서 메소포타미아와 인더스 문명 지역을 지배하기 시작하였다. 그 결과 인더스 문명의 주인이었던 드라비다족은 카스트 계급의 최하층인 불가촉천민이 되었다.

불상의 두발이 곱슬머리인 것은 석가모니가 지금의 네팔에 있던 카필라 소왕국의 왕자로 아리아인이었으나 그 당시 주민들이 흑인계혈통의 드라비다족과 연관되었기 때문이라고 추정된다. 아리안족이 만든 브라만교를 계승한 힌두교에 밀려 불교가 쇠퇴하고 스리랑카, 동남아, 동북아로 전파되었다.

6천여 동안 3천여 년 유색인종이 문명을 주도하였고 3천여 년 이후부터는 백인이 세상을 지배하기 시작했다.

수메르 문명 연구의 최고 권위자인 크래머(Samuel N, Kramer)는 기원전 3500년 전 서구 문명의 뿌리인 메소포타미아 문명을 일으킨 수메르인들이 원주민인지 혹은 어느 지역에서 이주해 왔는지를 연구한 결과 그들은 동방에서 왔다고 결론을 내렸다. 이는 수메르의 언어가 명사에다

토씨를 바꿔서 주어나 목적어로 표현하는 교착어(agglutinative)이며, 이것은 지금 우리나라 말이 속해 있는 우랄알타이 언어의 큰 특징이라 할 수 있다. ~로, ~가, ~의, ~를 같은 조사를 사용하는 언어는 교착어가 유일하다. 교착어를 쓰는 종족은 전 세계적으로 동이족 계열뿐이다.

수메르인을 '수머리언(Sumerian)'이라고 하며 그 뜻은 '검은 머리'이다. 수메르인은 대략 기원전 4000~4500년 사이에 티그리스와 유프라테스강이 흐르는 메소포타미아 평야에 살기 시작하였다고 추정된다. 인간이 사용한 도구로 시대를 구분하는 통상적인 시대 구분법에 따른다면 이때는 목축과 농경 생활이 막 시작된 신석기시대였다. 수메르의 유물인 구리 향로를 보면, 동이족과 똑같은 윈씨름 자세가 묘사되어 있다. 이 지역에 정착한 그들은 대형의 사각형 제단인 지구라트(Zigugurat)를 쌓고 하늘에 제사 지냈다. 우리 민족처럼 하늘을 숭배하는 제천문화와 천자 사상을 갖고 있었던 것이다.

메소포타미아 문명은 말 그대로 'meso-potamia'로 양강(兩江)의 사이란 뜻이다. 2개의 강이란 티그리스와 유프라테스강을 두고 하는 말이다. 성서에 나오는 에덴동산으로 불리는 '딜문동산'도 바로 이 양강 사이에 있는 지금의 이라크지역이다. 메소포타미아 지역에 수메르인들이 들어오기 전에는 셈어족과 인도유럽어족 계통의 여러 원주민이 살고 있었다. 그런데 수메르인들은 이들보다 우월한 문화를 가지고 이주하여 이들을 압도하고 이 지역을 지배하게 되었다.

인도에는 다수의 흑인계혈통인 드라비다족이 있고 그 위에 소수의 백인계혈통의 아리아인(Aryan)이 존재한다. 인도의 카스트 신분제도가 지금까지 유지되고 있는 것도 백인이 흑인을 점령했기 때문이다. 인도의 원주민은 아프리카에서 떨어져 나온 드라비다족과 몽골계 혈통의 문다족이다. 즉 인더스 문명은 인더스강 하류에서 일어난 유색혈통의 문화다.

유목 민족인 아리아인은 철기 문명을 가지고 인더스 문명을 건설한 농경민족인 드라비다족을 정복하고 그들의 지배를 정당화하기 위해 브라만교를 창시하고 카스트제도를 만들어내게 된다. 인더스강 상류 지역에 정착한 아리안족은 여러 자연신을 숭배하다가 브라만교로 발전했다. 아리아인들은 브라만교의 경전인 베다와 우파니샤드를 중요하게 여겼고 제사의식을 특히 중요하게 생각했다.

인도를 정복한 백인계열 혈통의 아리아인은 피부색이 검고 입술이 두툼한 인더스 문명을 창시한 드라비다인을 정복한 후 자신들의 혈통을 유지하고 싶은 욕망에서 종교와 신분제도를 만들었다. 피부색과 직업을 기준으로 신분으로 나눈 것이 바르나제도이다. 바르나란 색을 뜻하며 인종에 따라 신분을 나눴다고 해서 붙여진 이름이다. 이 제도를 카스트제도라고 부르는데, 카스트란 포르투갈어로 가문이나 혈통을 의미한다.

카스트제도는 주민들을 4개의 계급으로 나눴는데 제사의식을 담당하고 베다 경전을 배우고 가르치는 브라만, 전쟁에 나서고 나라를 다스리는 왕족이나 귀족계급의 크샤트리아, 농업이나 상업에 종사하는 평민계급의 바이샤, 가장 낮은 노예계급인 수드라가 있으며 그 밑에 불가촉천민이라고 하여 카스트제도에 속하지 않는 사람들이 바로 드라비다족이다.

기원전 6세기경에는 브라만교가 제사와 의식만을 중요시하며 타락하면서 카필라 왕국에서 태어난 고타마 싯다르타 왕자가 브라만교의 카스트제도를 비판하며 자비와 평등을 주장하는 불교를 창시하게 된다.

이집트 문명을 일으킨 함족은 아프리카 북쪽에서 수렵 생활을 하며 지내던 유색인종이 나일강 지역으로 이주하여 이집트 문명을 만들었다. 이 문명에서는 아톤이라는 유일신을 숭배하는 태양신교를 만들었으나 대규모 세력의 종교화에는 실패했다.

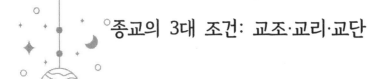

종교의 3대 조건: 교조·교리·교단

교조는 종교를 만든 사람을 의미하고, 교리는 종교의 가르침 및 행동 규범을 의미하고, 교단은 그 종교를 믿는 신자들을 의미한다. 오늘날 3대 종교라 일컫는 불교, 그리스도교, 이슬람교만 봐도 모두 교조, 교리, 교단이 있다. 이 3대 조건을 갖춘 종교는 하나같이 배타성을 지닌다. 즉, 자기 것이 최고이며 타를 인정하지 않으려 드는 아집성이 강하다.

기독교와 이슬람교는 교리의 핵심이 유일신이고 불교도 부처를 유일한 각자(覺者)로 보고 있다. 그러나 이런 배타성이 강하지 않은 종교도 있다. 세계 4대 종교 중의 하나인 힌두교는 특정한 교조나 교리도 없고 중앙집권적 권위나 위계조직도 없이 오랜 시간에 걸쳐 다양한 신앙형태가 융합된 종교이다. 따라서 힌두교는 다른 종교에 무척 관용적이며 배타성이 거의 없다.

힌두교 안에는 원시적인 물신숭배, 애니미즘, 정령숭배로부터 주술, 제식, 다신교, 일신교, 고행주의, 신비주의에 이르기까지 거의 모든 형태의 신앙이 섞여 있다. 이런 점에서 볼 때 힌두교는 하나의 종교인 동시에 힌두사회의 관습과 전통을 포함하는 힌두의 생활방식이자 힌두문화의 총체라 할 수 있다. 이런 힌두교처럼 특정한 교조와 교리 없이 오랜 시간에 걸쳐 다양한 신앙형태가 융합된 종교는 종교의 뿌리 자체가 다양성, 관용성, 융합성인 만큼 자기만이 옳다는 유일성을 고집하지 않는다.

우리나라에도 힌두교처럼 교조와 교리가 없는 종교가 있다. 우리나라에는 오랜 고대부터 마을과 주민의 안녕을 지키는 서낭신을 모신 성황당이라는 신당이 있었다.

서낭이라는 말은 산신의 다른 이름인 산왕이 음성 모음화되어 선왕이 되고 다시 연철되어 서낭으로 정착되었다는 설과 석낭(石囊, 돌 주머니)이라는 말이 전화(轉化)되어 생긴 우리말이라는 설과 성황에서 나온 말이라는 설이 있다. 이런 서낭신은 나라의 도성을 지키는 신이었는데 후대로 내려오면서 토속 신으로 변하여 마을의 수호신이 되었다고 한다.

이 같은 유래 때문에 아직도 마을 어귀에 서낭신을 모셔놓은 곳을 서낭당, 성황당, 성황단 등으로 부르고 있다. 예부터 이 성황당을 지날 때는 그 위에 세 개의 돌을 얹고 세 번 절을 하면 재수가 좋아진다는 믿음이 전해지고 있다. 그래서 지금도 그런 성황당을 지나는 사람들은 돌이든, 나무든, 천이든 무언가를 올려놓는 경우가 많다. 더욱이 그 성황당에 올려져 있는 것들은 함부로 손대거나 헐지 않는 것이 금기사항으로 지켜지고 있다

이처럼 고대 민간신앙의 상징인 성황당을 이루는 글자는 정작 신앙과는 거리가 멀다. 한문으로 성(城)은 성벽 혹은 나라를 의미하는 글자이고 황(隍)은 산골의 해자(垓字) 혹은 성 밖의 해자를 의미하기 때문이다. 성벽과 그 성벽을 둘러싼 해자는 성을 함부로 침입하지 못하도록 설치하는 군사시설이다. 그런 군사적 용어가 왜 뿌리 깊은 토속신앙의 대상이 되었을까?

고대에는 화적, 산적, 도적, 비적 같은 무법자들이 많았다. 물론 국법

이 있고 포도청이 있고 관군들이 있었지만, 기껏해야 말이나 타고 다녔던 고대에는 큰 사건이 벌어져도 관원들이 와서 시시비비를 가리기에는 많은 시간이 걸렸고, 거기다 부정부패가 심하다 보니 돈이면 안 되는 일이 없었다. 그랬기 때문에 법은 멀고 주먹은 가깝다거나 돈이면 처녀 불알도 산다는 속언들이 나오게 되었다. 그러다 보니 법에 가까운 자보다 주먹이 센 자가 오히려 더 큰소리를 치게 되었고 심지어 관군들도 산적이나 도적 떼를 제때 진압하지 못하는 경우마저 많았다.

일이 이쯤 되고 보니 자기의 안위는 자기가 지키는 것이 최선이라는 상식이 자리 잡았다. 그런 상식은 멀기만 한 법이나 관군에 의지하는 대신 당장 스스로 보호할 방법을 찾게 하였다. 가장 쉬운 방법은 오늘날의 총탄이나 포탄처럼 돌멩이를 던지는 것이었다. 그래서 누구든 침입자가 있으면 바로 대응할 수 있도록 한 손으로 던질 만한 크기의 돌덩이들을 마을 입구에 성벽처럼 쌓아놓기 시작했고 자연스럽게 그 돌덩이 탑이 자기들을 지켜주는 수호신이 되기를 빌고 또 빌게 되었다.

성황당이 성벽 '성' 자와 해자 '황' 자로 쓰이게 된 이면에는 자기는 자기가 지키는 것이 최선이라는 상식이 자리 잡고 있었다. 실제로 성황신에 대한 문헌 기록을 보면 전쟁수호신으로 믿어지는 경우가 많았다.

〈동국여지승람〉과 〈읍지(邑誌)〉 등에도 성황신에 대한 기록이 있다. 성황신을 모셨던 조선 시대의 성황당은 국행성황당과 민간성황당으로 나누어져 있었는데 국행성황당에는 호국이라는 두 글자를 써 붙였다고 한다. 조선의 태조 이성계는 즉위 후 여러 고을에 있는 성황당을 찾아가 제사를 지냈으며 태종은 백악성황신과 송악성황신을 신도성황신으로 모셨다고 한다. 민간성황당에서는 정기적인 성황제뿐만 아니라 국난이나 가뭄이 있을 때 국태민안을 비는 성황제를 지내곤 했다고 한다.

위의 서술에서 보듯 성황신은 어느 특정 교주가 만들어 민초에게 보급한 하향식 신앙이 아니라 민초의 상식에 기초한 자연스러운 믿음으로부터 출발하여 국가적 신앙으로 승화된 상향식 신앙이다. 이렇듯 민초의 상식을 바탕으로 하는 상향식 신앙이야말로 민주시대를 대변하는 진정한 만민신앙이라 할 수 있다. 작은 돌덩이를 하나씩 올리는 모든 사람이 곧 교주이고, 소원을 비는 모든 사람의 말이 곧 교리이고, 경건한 마음으로 기원하는 모든 사람이 곧 신자인 성황 신앙이야말로 누구도 확인할 수 없는 천국과 지옥을 만들어 사람들을 겁박할 필요도 없고, 내 것만이 최고라는 고집을 부리며 생산성 없는 교리 싸움을 목숨 걸고 할 필요도 없고, 따라서 미워할 대상도 없고 어울리지 못할 이단자도 없는 진짜 만민신앙이다.

세 갈래의 종교 세계

이 세계에서 인류의 영적 문화로 자란 고등종교는 세 갈래로 나뉘었다. 그 하나는 기독교(천주교, 개신교, 희랍정교, 성공회 포함), 둘째는 이슬람교, 셋째는 불교이다. 하지만 이들 세 종교 모두 그 종교의 창시자가 태어나 자라고 그 종교의 이상을 설파한 모국에서는 사라지고 없다.

유대인의 자손인 예수 그리스도의 모국인 이스라엘에는 기독교가 존재하지 않고, 같은 유대인(아브라함)의 후손인 무함마드의 이슬람 역시 그의 모국인 이스라엘에는 없으며, 석가모니의 불교 또한 그가 태어나 자라고 설파했던 인도에는 없다.

왜 그런지를 생각해 본 적이 있는가? 혹자는 핑계 대기를 선지자는 고향에서는 천대받는다는 말로 스스로 위안을 삼기도 한다. 그러나 세 종교의 창시자들이 태어나 새 종교를 설파한 그 모국에는 그 창시자들이 그러한 자기주장을 내세울 근거와 기초가 되는 본래의 사상과 종교가 있었고 세 종교의 창시자라는 이들은 단순히 본래의 사상과 종교에 약간의 새로운 이념과 이상을 추가한 것에 지나지 않았다.

예수는 유대교사상의 토대 위에 그가 13세 이후 30세에 이르기까지 그가 태어나 자란 곳을 떠나 타지에서 자신들에게는 없던 사랑(慈悲, 자비)이라는 개념 하나를 익혀 도입했고, 무함마드 역시 그의 젊은 날들을 예수처럼 사막 부족(아랍인들)에게서 인애(仁愛)의 정신훈련을 거친 것을 체계화하여 설파했을 뿐이다. 석가모니 역시 왕자라는 자리와 처자식까지 버리고 인도 고대의 전통에 따라 남들보다 좀 더 일찍이 임서기에 들어가 삶과 죽음에 대해 깊은 고민을 하고 나름대로 깨달음을 얻었을 따름이다.

이들이 각기 그렇게 한 동인(動因)은 그 세 분에게 유대의 종교사상과 힌두의 정신세계라는 기초가 각각 작용했기 때문으로 보는 것이 정직한 사고이고 관찰이다. 그리하여 유다이즘(시오니즘)에서는 기독교와 이슬람이 곁가지로 태어났고, 힌두이즘에서는 불교와 자이나교(배화교)가 곁가지로 탄생한 것이다.

이들 새 종교란 근본을 바꾸는 새로운 사상이 아니라 그 근본 사상의 한 작은 일부의 수정 또는 추가일 따름이었기에 근원인 유다이즘과 힌두이즘의 한 분파로만 여겨졌을 뿐이었으며 새로운 종교사상이 아니었다는 말이다. 따라서 그들의 새 종교란 그 근본인 시오니즘이나 힌두이즘에 귀속되는 하나의 설(說, 학파)로서 수렴 통합되는 사고였을 따름이다. 그렇게 유다이즘(시오니즘)에서는 기독교와 이슬람이, 힌두이즘에서는 불교와 자이나교가 탄생한 것일 뿐이다.

종교란 현실 세계의 삶만을 말하는 개념이 아니라 삶과 죽음, 이전과 이후를 통시적으로 살피는 관점을 말한다. 이에 의하면 희랍과 로마, 더 이전으로는 이집트 문명까지도 신화는 있었지만, 인간의 삶과 죽음과 그 이후에 대한 고찰이나 신념이 없었기에 종교라 할 만한 것이 존재하지 않았다.

그리고 동양에서는 살고 있는 사람들의 길흉화복을 논하는 점술과 정치적 도의에 관한 이론들은 다양하게 펼쳐졌지만, 사람이 태어나기 이전과 반드시 죽는다는 사실을 알면서도 그 죽음 자체와 죽은 뒤에 대해서는 논의 자체를 거부했다. 그러니까 유다이즘(시오니즘)과 힌두이즘 외에 기복신앙이나 점술은 부지기수로 많았지만, 종교에 이르는 죽음과 영혼의 구원이라는 종교적 신앙은 존재하지 않았다. 이러한 연유에서 유대교에서 생겨난 크리스천과 이슬람, 그리고 힌두이즘에서 생겨난 불교는 이스라엘과 인도를 제외한 전 세계로 퍼져 나갈 수 있었다.

거대한 문명의 하나였던 황하 문명에서는 현실을 살아가는 사람들의 도덕적 가치와 사람들을 평화롭게 살게 만드는 정치이념은 수백 가지가 나왔지만, 사후에 영혼을 구원한다는 종교는 그 싹도 트지 않았다. 대신 역사 이전인 황제 시대로부터 역술이 발생하여 특이하게 발전을 거듭해 주나라에 이르러서 역학 경전으로까지 승화되었다. 하지만 결국 종교이념이나 사상으로는 성장할 수 없는 자승적(自繩的) 한계에 묶여 현대까지 이어져 왔다.

이로 인해 그토록 갈구하던 사후와 영혼의 제도(濟度)를 설파하는 불교가 들어오자 그 이전에 있었던 신선 사상과 맞물려 당초 인도에서 발생한 불교보다 더 앞서나가는 불교흥륭의 시대를 구가하게 되었다. 이 사상은 종교불모지였던 한반도를 거쳐 섬나라 일본까지 단번에 휩쓸고 말았다.

신화로만 내세의 존재를 짐작하고 있던 그리스와 로마 그리고 그 지배를 받던 모든 나라는 죽어서도 천당에 갈 수 있다는 기독교의 설파에 강한 바람에 풀들이 휩쓸리듯이 쓰러지고 말았다. 상대를 죽이고 뺏어야 살길이 열리는 환경인 사막의 부족들은 무함마드의 인애 정신에 가미된 생존의 원칙인 쿠란이냐, 칼이냐(?)의 정신에 자신들의 내세를 맡기게 되었다.

특히 삶이 척박한 험산 준령의 티베트 같은 곳에서는 불교의 사후 서방 극락세계야말로 구원이었기에 바로 그들의 국교가 될 수 있었고 평생을 다 소비하고 오체투지의 고행으로라도 성지순례를 해야만 극락이 내 것이라는 허황한 이념에 빠졌다. 그나마 외로운 섬으로 막연한 삶밖에는 어쩔 도리가 없던 스리랑카는 인도에서는 사라진 초기의 불교 교리가 그대로 남을 수 있었다.

로마 멸망 이후 더 강력해진 기독교의 지배에 놓인 유럽은 하나님의 대리인을 내세우고 사후 천당행을 보장해준다는 꼬임으로 교리에 원죄라는 항목까지 추가해 면죄부를 팔기도 했다. 하나님이 진노하실 이런 일마저 꾸미는 모습은 인간존재가 영적인 만족을 얼마나 갈구했는지를 말하고 있다.

신을 인정하는 종교와 인정하지 않는 종교

　이 세상에는 헤아릴 수 없을 만큼 다양한 종교들이 존재한다. 인정하든 부인하든 간에 무속신앙도 체계를 갖추지 못한 인간들의 종교 행위인 것이다. 그러므로 종교란 어느 종족이건 인간들이 집단화하여 살아가는 곳에는 반드시 존재한다. 이들 종교를 구분하기 가장 손쉬운 기준은 그 신앙의 대상으로 신을 설정하고 있느냐 아니냐이다. 신을 설정하고 있더라도 여러 신을 인정하는 다신교와 신은 하나뿐이라는 유일신교로 구분된다.

　흔히 신을 인정하지 아니하는 신앙은 종교가 아니라고 주장하는 경향이 있지만, 이는 사실이 아니다. 왜냐면, 종교의 출발점이 모두 다 동일하기 때문이다. 그 출발점이란 인간은 왜 태어나고 사는 것이며, 나라는 존재는 무엇인지(?)부터 나라는 존재는 왜 영속하지 못하고 죽으며, 죽은 뒤에는 어찌 되는지에 대한 사유에서 기인한다.

　결국, 모든 종교는 그 출발점이 같다. 나라는 존재에 대하여, 나란 무엇인가를 탐구하다가 결국은 모르겠으니 더는 생각지 않고 의지할 곳을 찾아 신이라는 가상적 존재를 창출하게 된 것이다. 그 창출된 존재는 나라는 인간을 지배할 수 있고 초월적 존재가 될 수밖에 없다. 이러한 가상적 존재를 이해할 수 없는 모든 각 사물에 적용하면 다신교가 되고, 모든 것을 주제군림(主宰君臨)하는 오직 하나의 가상적 존재에 귀일시키면 유일신교가 되는 것이다.

이에 반하여 나라는 존재를 끝까지 파고 헤쳐 들어가는 경우는 먼저 나란 존재가 보이는 육체와 보이지 않는 정신 또는 영혼의 두 가지로 구성되어 있고, 그 두 가지는 다시 무엇인가(?)를 고구(考究)하게 되고 만다. 이와 같은 처지인 종교는 인류가 고구한 것으로는 불교와 자이나교(배화교)만이 있을 뿐이다. 이들 두 종교에는 그 성격과 출발점에서 신을 상정할 필요성도 근거도 없다. 따라서 이들은 궁극적으로 신을 인정하지 않는다. 이 둘은 예배의 형식과 삶의 방법에서만 차이가 있을 따름이다.

유일신교로는 기독교(천주교, 개신교와 신구약 성경을 Bible로 채택한 모든 종파 포함)와 이슬람교가 있다. 이들 둘은 그 태생이 한 뿌리에서 나왔으며 구약성서를 신앙의 도구인 경전으로 삼고 있다. 이 둘의 차이는 구약성서가 말한 선지자와 구세주를 보는 견해에 있다.

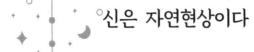

신은 자연현상이다

금세기 최고의 물리학자였던 아인슈타인과 스티븐 호킹 박사를 포함해 여러 분야의 천재들이 신은 없다고 주장했다. 신이란 어떤 실재하는 존재가 아닌 자연현상일 뿐임이 확인되었기 때문이다.

지금으로부터 약 2,600여 년 전에 시작된 불교는 붓다의 생존 시나 원시불교 시절에는 극락이라는 내세관이 없었다. 각자가 자기 자신의 주인임을 확인시키며, 행복하고 편안하며 자유로울 수 있다는 교리는 맹목적인 신앙이 아닌 초월적인 가르침이었다.

천체물리학자들이 밝힌 바에 의하면 지금으로부터 약 150억 년 전후에 일어난 대폭발(Big Bang)로 우주가 만들어졌고, 약 46억 년 전후에 지구가 만들어졌으며, 약 10억 년 전후부터 지구 위의 생명체들이 나타나기 시작했다고 한다. 인류의 기원은 약 300만 년 전 아프리카에서 시작되었으며, 원숭이와 비슷한 외형에 두 발로 서서 양손으로 도구를 사용했던 오스트랄로피테쿠스라고 밝혀졌다. 그럼에도 불구하고 인류는 물론 이 우주와 세상 만물이 고작 12,000년 전후에 여러 신이라든가 유일신이 만들었다는 것을 강조하며, 그런 신들을 믿고 따르는 자신들에게 삶을 다하여 헌신해야 행복해질 수 있다고 속이면서 착취했던 사람들을 우리는 어떻게 이해해야 할까?

3,500년이 된 유대교도들은 예수를 믿으면 지옥행이라 하였고, 2,000년이 된 예수교도들은 예수를 안 믿으면 지옥행이라 주장하였다. 또한, 1,800년이 된 가톨릭교도는 교황을 믿지 않으면 지옥행이라 하고, 1,400년이 된 이슬람교에선 마호메트를 안 믿으면 지옥행이라는 저주를 서슴지 않았다.

　그렇다면 이집트 시대 이전부터 전해져 왔던 우화라든가 신화를 각색하며 그들의 유일신이라 내세웠던 전지전능하다는 하나님은 어찌하여 자신들이 내세우는 신앙만을 믿으라며 피비린내 나는 처절한 종교전쟁으로 사람들의 삶은 물론 자연까지도 파괴한 것일까? 저 찬란하게 빛나며 모든 생명체에 활기를 넣어주는 태양과 고요히 빛나며 모든 생명체에 쉴 시간을 만들어 주는 달이 우리네 소원을 이루어줄 신앙의 대상이 아닌 원소 덩어리일 뿐이라는 것을 아는 현대의 지성인으로서 궁금하지 않을 수 없다.

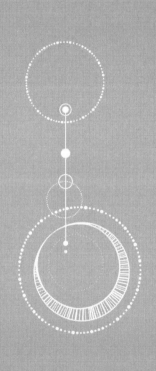

제2장

신화와 다신교

불멸의 신과 필멸의 존재

옛날 페르시아의 종교는 다신교인 고대 인도의 종교와 상당 부분 유사점이 있었다. 예를 들어 페르시아에서는 데바(daeva)라는 여러 종류의 신을 숭배했는데, 이는 힌두교의 신들인 데바(deva)와 유사한 존재로 추정된다. 페르시아인들은 여러 명의 구세주가 인간을 선한 길로 인도하기 위해 세상에 내려왔다고 믿었다. 마지막으로 세상에 당도한 구세주는 사람들이 목숨을 잃은 장소에서 망자를 일으킬 수 있는 능력을 지녔다고 믿었다.

최소 3천 년을 전후로 하는 옛날에 조로아스터(짜라투스트라)는 이렇게 말했다. "최후의 심판의 날에 옳은 일을 행한 자는 구원을 받고 죄를 지은 자는 고통을 받게 된다. 그리고 부활한 자와 산 자가 심판을 받게 되고 이 심판 과정에서 쇳물로 뒤덮여 정화된 대지를 무사히 통과한 자만이 영생을 누리게 된다." 예수교도와 이슬람교도에게 최후의 심판은 꽤 매력적인 이야기로 다가왔을 것이다. 이기서 조로아스터는 과연 흐뭇해했을까?

예수교가 처음으로 이 땅에 발을 디뎠을 때 내림굿을 비롯한 여러 유형의 굿하는 무당을 보고 마귀가 썬 미신이라고 하였다. 그들은 부활을 주창했으며 아울러 사랑도 부활했다고 믿었겠지만 결국은 미신이 되고 말았다. 그리고 "믿으면 천국이요, 불신자는 지옥"이라는 새로운 미신이 등장했다. 우리 한반도에서의 종교는 그 어떤 종파를 불문하고 전래된 후부터는 그 본질이 왜곡되고 만다. 그러다 보니 이 땅에서 자생된 종교나 그 종파도 하나같이 똑같은 궤를 밟는 것이다.

믿기만 하면 모든 죄를 다 사해주기 때문에 믿음 하나만 지니면 천국에 간단다. 이 엉터리 믿음과 구복신앙이 결국은 그들이 단죄하고 터부시하려던 미신이 되고 말았다. 이것은 여러 죄악의 합리화에 이용되기 시작했고 비도덕적인 만행과 마녀사냥을 낳았다. 이 하나의 신을 믿으면 결코 죄가 되지 않는다면서 지금도 그렇게 유인하고 있다. 믿지 않으면 지옥에 떨어져 죗값을 받을 거라면서 그 신 앞에 서 봐야 한다고 말이다.

소위 종교(믿음)의 자유를 외치면서 겁박하는 것이다. 오로지 하나의 신 그리고 그 대리인이 모든 권세를 지니게 되었다. 그러다가 간간이 그 대리인이 스스로 신의 위치에 놓기도 한다. 차라리 원혼을 달래고 씻김굿을 하는 무당의 작두춤이 오히려 담백하지 않은가?

다신신앙과 유일신앙은
한 뿌리에서 나왔다

　옛날의 인류가 태양이나 여러 자연물을 숭배하게 된 것은 태양으로부터 어둠과 추위 및 여러 종의 맹수에서 벗어날 수 있었고, 달과 별들의 운행을 관찰하고 계절이나 날씨를 예측하여 갖가지 편리를 도모할 수 있었기 때문이다. 이는 지금으로부터 약 3,000여 년 전 무렵에 만들어졌다고 추정되는 십자황도대(十字黃道帶)라는 역사상 가장 오래된 별자리 개념도에 의한 천체도에서 확인할 수 있다.

　십자황도대는 열두 별자리의 경로와 1년을 주기로 이동하는 태양의 궤적에 따라 12개월과 4계절 지점(Solstice)과 분점(Equinox)으로 구분을 나타낸 것이다. 그 당시의 사람들은 태양과 별을 신이나 구원자 등으로 상상하여 신화로 만들었다. 또한, 십자황도대가 만들어지기 전에 기록되었다는 것이 학자들에 의해 고대 이집트의 상형문자 해석을 통해 확인된 바 있다.

　고대 이집트인들은 낮과 선으로 상징되는 태양을 밝음의 신 호루스로, 그에 맞선 밤과 악을 상징하는 어둠의 신을 세트라로 상정하여, 이 두 신의 싸움과 승패에 따라 사람들의 행복과 불행이 결정된다고 믿었다. 태양신 호루스 신화에 따르면, 5,000여 년 전 이집트의 한 처녀가 신과의 관계로 수태하여 12월 25일에 출산하였으며, 동방의 별빛을 따라온 3명의 왕에게 호루스가 신의 아들인 것을 확인하게 하였다. 그 후 호루스는 30세부터 제자들과 함께 온갖 기적을 행하던 중 어떤 제자의 배신으로 십자가에 못 박혀 죽었으나, 3일 만에 부활하여 하늘나라에 오른다.

고대 이집트에서 출발한 이 신화는 이름만 달리하며 여러 나라에서 신화와 신앙의 대상으로 전해졌다. 약 3200년경 그리스에 '아티스'가 있고 비슷한 시기의 페르시아에는 '미트라'가 있었다. 2,900여 년 전 인도의 '크리슈나', 2500년경 그리스의 '디오니소스', 약 2,000여 년 전 이스라엘의 '예수' 등등이 모두 동일한 내용이다. 또한, 그 신들의 일생에 관한 내용도 거의 같은 맥락으로 구성되어 있다. 약 3,500여 년 전의 것으로 추정되는 이집트의 룩소르 사원 벽화에 기록되어 있는 호루스의 삶에 관한 내용을 열거해 보자면 처녀 수태, 세례, 영성체, 십자가에 못 박혀 죽음, 부활, 구세주의 재림, 최후의 심판, 대홍수, 방주, 부활절, 유월절, 성탄절, 할례, 사후세계 등등이다.

고대 이집트 신화 속에 나오는 천체를 확인해보면 북반구의 북극성에 해당하는 별인 시리우스(천낭성)라는 별은 12월 21일(동지)이 되면 오리온성운의 밝은 3개의 별(삼태성)을 뒤로하며 남반구 끝에 있는 태양과 가까워진다. 그 후 사흘 동안(22, 23, 24일) 남쪽 십자성 위에 겹쳐 멈춘 것처럼 보이다가 12월 25일이 되면 태양이 북쪽으로 1도 이동한 후 시리우스와 오리온의 3개 별자리와 멀어지면서 북반구로 이동하기 시작한다. 이때부터 낮의 시간이 길어지며 만물이 소생하는 변곡점이 된다.

천체현상의 관측이 가능했던 그 당시의 사람들은 남반구 끝에서 멈춘 것처럼 보이던 태양을 태양신의 탄생으로 상정하면서 시리우스를 호루스의 탄생지로 향하는 동방의 별빛으로, 시리우스의 뒤를 따르는 오리온 3성을 곧 태어날 태양신의 탄생지를 찾아 이동하는 3명의 왕으로 상정하였다. 그리고 태양이 다시 북반구로 이동하기 시작하는 현상을 태양신이 12별자리에 대응하는 12제자를 이끌고 온갖 기적을 행하면서 사람들을 다스린다는 것으로 신화화한 것이다. 그 후 1년이 지나 12월 21일이 되어 북반구를 돌아 다시 남반구 끝에 도착한 태양이 사흘 동안 남쪽 십자성 위에 겹쳐 멈춘 것처럼 보이다가 다시 북반구로 향하는 현상을 제자의 배신으로 십자가에 매달려 죽은 다음 사흘 후 부활하여 승천한다고 상정했다. 다신교와 유일신을 믿는 신도들이 주장하는 모든 서양신앙이 위에 기술한 고대 이집트의 천문학을 토대로 각각 각색하여 만들어졌다.

우리 민족의 기원이 4,354년 전의 단군신화로부터 역사가 시작되어 다신신앙이 생겨나고 이어져 왔듯이 서양에서도 태양과 달, 하늘과 땅, 바다와 산과 강과 나무와 바위 등을 숭배하던 원시적인 다신신앙으로부터 출발하여 지금의 유일신앙으로 변천되어왔다. 이러한 차원에서 본다면 다신신앙과 유일신앙은 그 뿌리가 이어진 것이라 할 수 있다.

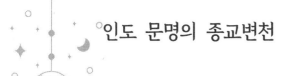

인도 문명의 종교변천

　현대 비교종교학자들은 인도의 베다교와 바라문교가 육파철학의 바탕이 되었고, 그런 육파철학을 바탕으로 불교와 자이나교 등이 나타났다고 주장한다. 그러면서 한편으로는 불교는 붓다가 밝혀낸 독창적인 사실로 부처는 과학의 틀을 뛰어넘어 우주와 갖가지 존재들이 생기고, 부서지며, 태어나고 죽는 원인, 과정과 끝을 확인한 후 태어나고, 늙고, 병들어 죽는 삶을 되풀이하지 않을 수 있음을 확인하였다고 말하고 있다.

　인도는 약 5,600여 년이 넘는 역사를 가진 나라로 중동에 살던 아리안족들이 3500여 년경 힌두쿠시산맥을 넘고 편잡을 지나 갠지스강 유역을 따라 동남부로 옮겨 인도의 원주민들을 지배하면서 인도의 주된 종족이 되어 현재까지 살고 있다.

　그들은 3,000여 년 전 조로아스터가 만든 불에 대한 신앙을 그들의 신앙으로 만든 베다교에서 바라문교로, 바라문교를 다시 힌두교로 변화시키며 인도의 원주민들을 지배해 온 것이다. 따라서 지금의 힌두교도들 역시 불을 중심으로 갖가지 자연물들을 신앙하는 다신교도들이며, 유일신교도들인 유대교, 천주교, 기독교, 이슬람교 등 세계 거의 모든 신앙의 뿌리는 5,000여 년 전의 이집트인들이 믿기 시작했던 태양이라든가 조로아스터교의 불이다. 그에 반해, 불교는 비록 바라문교에 반하여 생겨났지만 태양이나 불 등등의 갖가지 자연물들을 신앙하지 않고 붓다의 가르침을 중심으로 하기에 맹목적으로 믿어야 하는 신앙이 아닌 종교라고 볼 수 있다.

지금도 마찬가지지만 당시 인도의 제사장이었던 바라문들이 했던 일은 지배권 안팎의 사람들을 그들이 상상으로 만들어낸 신앙으로 개종시키고, 그들이 정한 차별화된 신분의 사람들을 복종하게 하는 것이었다. 그것은 종교의 정의인 사람들을 깨우쳐 행복하고도 자유로운 삶을 살게 하면서 부처가 되게 하는 것이 아니라, 선량하되 어리석은 사람들을 지배하고 착취하기 위해 만든 정책에 불과한 것이었다.

유대인은 인종이 아닌 종교로 정의된다

인류는 백인종과 비백인종(유색인종)으로 대별된다. 아프리카 대륙은 지질과 지리적 환경 등의 측면에서 볼 때 가장 오래된 대륙이며 인류의 시원 또한 아프리카에서 비롯되었다. 관련 전문가들에 따르면 10만 년을 전후로 한 시기에 아프리카를 벗어난 극소수의 인원이 아프리카를 제외한 전 세계 인류의 조상이라고 한다.

아프리카 대륙 이외 지역의 인류는 유전적 인자가 비교적 단순하지만, 아프리카에서 거주해 온 대다수의 인류는 그 지역에서 진화해 온 연유로 상당히 다양한 유전인자를 보여준다.

우리 인류는 피부색만으로 구분하기에는 너무나 많은 다양성을 지니고 있고 나누는 기준도 다양하다. 지금까지는 통상적으로 백인종, 황인종, 흑인종으로 구분하지만, 사실상 백인종과 유색인종으로 양분하는 것이 타당하다.

아프리카의 사하라 사막을 기준으로 하여 유색인종인 흑인종은 주로 남쪽에 거주하며 백인종에 속하는 셈족은 사하라 사막 북쪽에 거주한다. 지중해를 사이에 두고 건너편의 유럽과 마주하는 모리타니, 모로코, 알제리, 튀니지, 리비아 등 5개국은 백인종인 셈족의 아랍인이며 종교도

대부분 이슬람교를 신봉한다.

유색인종 중 황인종은 인도와 중동지역을 제외한 아시아와 남북아메리카에 걸쳐 거주하였다. 황인종은 퉁구스족과 투르크족으로 구분되는데, 우리 민족은 한족, 만주족 등과 함께 퉁구스족에 속하며 중앙아시아 국가들은 투르크족에 속한다. 투르크족의 하위에는 튀르키예인, 우즈베크인, 투르크메니스탄인, 카자흐인, 키르기스인, 타지크인, 위구르인, 아제르바이잔인 등이 속한다.

현재 중국 영토인 신장 위구르는 18세기에 청나라에 의해 합병되었다가 그 영향력에서 벗어났으나 1949년에 다시 점령당했다. 종교와 인종 측면에서 중국인과 이질적이기 때문에 분리 독립의 요구가 높을 수밖에 없다. 동양권에서 이슬람교가 회교로 불린 것은 당나라 때 이슬람교를 믿는 위구르족을 회흘(回忽)이라 불리던 것에서 유래했다.

백인종은 셈족, 함족, 인도–유럽인(아리안족)으로 구분되는데 이집트인이 함족에 속하고 아랍인은 셈족에 속한다. 유대인도 셈족 계열의 아랍인인데 여호와라는 단일신을 숭배하면서 그들과 다른 정체성을 형성한 것이다.

오늘날 이스라엘이라는 국가가 세워지기 전에는 중동, 스페인, 포르투갈 등에 거주하던 아랍인의 혈통을 유지한 20% 이하의 스파라디 유대인으로 아랍인들과 공존하고 있었다. 그러나 이스라엘의 건국 이후 중부유럽과 동유럽 등에서 이주해 왔다. 지금 미국에 거주하는 아슈케나지 유대인은 유대민족의 80% 이상을 차지하지만, 혼혈이 많이 진행된 관계로 고대 유대인과는 혈연적 관계가 약하다. 즉 지금의 이스라엘은 인종적 집단이라기보다는 유대교에 기초한 종교적 집단으로 봐야 한다. 어떤 인종이든지 유대교를 믿고 율법을 따르는 생활을 하면 유대인인 것이다.

유대인은 전 세계 인구의 0.2%, 미국 인구의 2%뿐이지만 하버드대 등 아이비리그 대학생들의 20% 이상, 노벨상 수상자들의 30% 이상을 차지하고 있다. 게다가 우리가 익히 들어본 수많은 내로라하는 다국적 기업들을 비롯하여 미국의 정치, 언론, 영화, 금융, 산업, 학문 등에 막강한 영향력을 행사하고 있다.

각국의 PISA(Program for International Student Assessment, 학업성취도 국제비교연구) 점수를 살핀 결과 그렇게 위대하게 칭송받던 유대인들의 나라인 이스라엘의 PISA 점수는 너무나 형편없었다. PISA 점수가 낮아서 큰일이라고 연일 떠들어대는 미국보다도 훨씬 낮다 못해 OECD 전체 국가 중 최하위권이었다. 그렇게 훌륭하다는 유대인 교육을 국가 공교육에 접목했을 이스라엘에서 PISA 점수가 왜 이렇게 낮은 걸까?

팔레스타인 지역에 이미 살고 있던 많은 아랍인과 다른 민족들이 대부분 쫓겨나긴 했지만, 여전히 남아 있는 인구가 꽤 있다. 그들이 전 국민의 1/4이다. 그러니까 고대 유대인들의 혈통은 전 국민의 3/4밖에 안 된다는 것이다. 이 1/4의 아랍인과 소수민족들이 전체 학력 평균을 낮추는 영향이 매우 크다. 성적이 저조한 학생들 중 31%만이 유대인이고 대다수인 67%가 아랍인이라고 보고하고 있는데, 이를 보면 유대인의 교육방법을 사용하지 않는 아랍인들로 인해 국가의 PISA 점수가 낮아졌다는 주장은 일견 일리가 있어 보인다.

이스라엘은 건국 후 인구수를 늘리기 위해 세계 각국의 유대인들 이민을 적극 장려해왔다. 북미나 유럽 유대인만으로 충분치 않아 아랍 지역이나 아프리카 지역의 유대인들도 이민자로 대거 받아들였다. 그런 이유로 현재 이스라엘에는 같은 유대교인이라 하더라도 백인계 유대인, 아랍계 유대인, 흑인계 유대인 등 다양한 문화와 인종들이 공존하고 있다. 이들 간의 갈등과 차별이 교육과 사회적 기득권 기회로까지 이어져서 사회적 문제로 대두되고 있다. 같은 유대인이라 하더라도 백인계 유대인은 사회 기득권층을 차지하고 있지만, 아랍계 유대인이나 흑인 유대인들은 하층민을 형성하고 있기 때문에 다수의 이들로 인해 집단의 평균이 낮게 나타나는 것이다.

교육은 단순히 특정 교육방법으로만 이루어지는 것이 아니라 기본적인 경제적 사회적 문화적 환경의 영향도 당연히 받는다. 환경이 열악하면 공부하기 힘든 것은 당연하다. 이스라엘에서 지도자층이 될 것으로 기대하고 들어간 사람들은 당연히 소수의 식자층일 것이고 그들은 유대교육의 진수를 제대로 누렸겠지만, 다수의 사회 하층민들은 유대인이라 하더라도 그 교육에 제대로 매진하기 어려웠을 것이다.

요컨대 이스라엘의 PISA 성적이 낮다고 해서 유대인의 교육도 국가 차원에서 보면 별거 아니라고 지레 단정해서는 안 된다. 집단의 평균을 해석할 때는 집단의 역사 사회·문화적 특성을 다각도로 살펴봐야 한다.

°광기의 디오니소스(Dionysos) 신앙

디오니소스(Dionysos)는 포도주의 신이지만 광기와 축제의 신이기도 하다. 혈통으로 볼 때 디오니소스의 아버지는 제우스(Zeus)신이고 어머니는 인간 세상 테베의 공주인 세멜레(Semele)이다. 디오니소스는 올림포스(Olympus)의 다른 신들과는 상당히 성격이 다르며 이단이라고 할 수도 있다.

그리스 신화에서 가장 그리스적이라는 평을 듣는 신이 아폴론 (Apollon)과 아테나(Athena)이다. 아폴론이 밝고 합리적인 것을 추구하는 신인 반면 디오니소스는 어둡고 비합리적이다. 제우스신의 머리에서 태어난 아테나는 이성을 담당하였고 제우스신의 넓적다리에서 태어난 디오니소스는 감성과 본성을 담당하였다. 디오니소스는 현실에서 도피하게 만드는 술을 담당한다는 것만으로도 이질적인 신이다.

사실 올림포스 신앙은 민중을 위한 것이라기보다는 지배계층을 위한 것이었다. 가부장적이고 억압적이며 많은 경우 지배계층의 정당성을 표현하기 위해 사용되었다. 디오니소스의 축제와 술은 좋은 도피처가 되어주었기에 여성 신도가 특히 많았다. 마이나데스(Mainades)는 광란하는 여자들이라는 뜻으로 디오니소스를 쫓아다니던 집단의 이름이라고 한다. 디오니소스의 축제에서 행해지던 노래와 춤이 이후 그리스의 희극과 비극을 낳았으니 사실 올림포스 신앙 입장에서도 디오니소스가 아예 민폐는 아니었다고 본다. 게다가 만일 디오니소스가 올림포스 신들 중 하나가 아니었더라면 그리스 사람들은 숨 쉴 구멍이 없어 더 빨리 올림포스 신앙을 배척했을 수도 있었을 것이란 추측도 가능하다.

역사적으로 볼 때 왕정에서 귀족정치 시대를 거쳐 과도적 참주정치 시대를 지나 시민계급이 성장하자 직접 민주정치로 넘어가는 단계에 이르러서는 디오니소스 신앙이 전 그리스를 석권하기에 이르렀다. 특히 고대 그리스 말기에는 올림포스 신앙이 왕과 귀족의 몰락으로 사라져 갔다. 더욱이 새로운 지식 계급인 소피스트(Sophist)들과 철학자들은 날카로운 논리로 서사시인들의 시에 나타난 허구적 비합리를 공격했다. 특히 플라톤(Platon)은 자신이 이상으로 생각하는 철학자가 통치하는 나라에서는 서사시인들을 추방할 것이라 선언하기도 하였다. 다시 말해서 이들의 도전은 올림포스 신앙에 치명적이었다. 우선 큰 차이로 디오니소스는 분명한 내세관을 제시하였다. 이것이 종교로서의 올림포스 신앙과 차별화되는 부분이었다.

종교 발생 이유가 인간이 내면에 깔려 있는 초자연적 현상에 대한 두려움 때문이라면 종교는 마땅히 신도들에게 내세에 대한 분명한 메시지를 전달해야 하며, 신앙에 대한 반대급부로서의 구원관을 제시해야 성공할 수 있다. 이런 점에서 디오니소스 신앙은 성공적이었다. 죄를 지으면 지옥에서 고통을 당하고 착한 일을 하면 다음 세계에서 복을 받는다고 믿었다. 즉 올림포스 신앙에 비해서 교리보다는 의식을 중시하고 이성보다는 감성에, 합리성보다는 신비주의에 뿌리를 둔 디오니소스 신앙은 철학자들의 도전으로부터 멀리 떨어져 있었기 때문에 철학자들로부터 도전을 받는 올림포스 신앙이 약해지면 약해질수록 그에 비례해서 디오니소스 신앙은 더욱 확산되어 갔다. 이렇게 디오니소스 신앙은 종교로 탈바꿈하는 데 성공하였다. 즉 윤회와 인과응보를 믿는 오르페우스교(Orophism)로 신앙의 핵심이 옮겨지면서 디오니소스는 제우스를 대신하는 절대자가 되었다.

신도들은 제우스가 손수 디오니소스를 후계자로 정하고 그의 왕위를 물려주었다고 굳건히 믿었다. 천신인 올림포스의 남신들은 대지의 여신들에게서 권좌를 빼앗았으나, 이제는 천신인 제우스가 다시 대지의 신인 디오니소스에 권좌를 넘겨주게 됨으로써 디오니소스는 제우스-디오니소스라 일컬어지게 되었다.

디오니소스 신앙이 오르페우스교로 재편되면서 종교적 패권을 쥐게 된 가장 큰 이유는, 결론부터 말하자면 종교로서의 기본적 골격이 올림포스 신앙의 그것보다 훌륭했다고 볼 수 있으며, 올림포스 신앙보다 더 짜임새 있는 종교의식과 신학을 갖고 있었기 때문이다.

디오니소스 신앙은 윤회 사상을 믿었고 육체는 악하나 영혼은 선한 것이므로 신의 속성에 속하는 것으로 간주하였다. 디오니소스 신앙의 핵심은 포도주를 마시고 취하여 무아지경 속에서 광란의 춤을 추는 데 있었다. 이미 그들에게는 현실이란 존재하지 않고 무의식 속에서 자아(自我)도 의식할 수 없다.

이 세상의 모든 것이 무(無)이다. 한겨울밤에 얼굴에 가면을 쓴 여신도들이 횃불을 들고 춤을 추며 산에 올라 북과 피리의 광란적인 연주에 미친 듯이 춤을 춘다. 격렬한 춤 속에서 그들은 신의 세계를 만나 신과 일치한다. 그들은 산속에서 짐승을 만나면 디오니소스가 현신한 것으로 믿고 앞장을 선 여신도가 디오니소스의 지팡이, 즉 튀르소스(Thyrsos)를 흔들며 그 짐승에게 덤벼들면 다른 신도들도 서로 나누어 가지려는 욕망에서 초인적 힘으로 찢어 죽인다. 그들은 모두 짐승의 살과 피를 먹고 마시면서 신과의 일체감을 즐기면서 밤새도록 광란의 축제를 벌였다.

헬레니즘(Hellenism) 시대와 로마의 제정시대를 거치면서 확산의 일로를 걷고 있었던 오르페우스교였지만 구원의 전면개방을 선언하고 팔레스티나와 시리아, 소아시아, 그리고 그리스와 로마에 상륙한 그리스도교 때문에 그리스와 로마의 오르페우스교는 심각한 국면을 맞이했다. 그리스도교의 교리적 핵심은 수난과 부활에 있으며 주의 수난과 부활에 동참하기 위해서는 세례를 통해서 거듭나며 천상의 빵으로서 영혼의 양식을 먹음으로써 그리스도와 한 몸이 되어야 한다.

종교개혁 이후 개신교는 그리스도의 몸과 피가 되는 빵과 포도주를 상징적인 의미로 해석하는 반면에 가톨릭은 소위 화체설(化體說)에 입각하여 참으로 성변화설(聖變化說)를 통해서 순간적으로 그리스도의 몸과 피가 된다고 믿고 있다.

가톨릭의 미사 핵심은 사제의 축성으로 시작되는 이 두 마디로 요약할 수 있으며 인류의 죄를 대신하여 피를 흘린 성자 그리스도와 일치를 이루어 그리스도를 십자가상의 대속 제물로 성부께 바친다는 의미를 담고 있다.

키벨레(Cybele) 신앙과
이슬람권의 수피즘(Sufism)

중앙아시아 산신들의 어머니에 해당하는 신 키벨레(Cybele) 신앙은 집단적 엑스터시 상태에 빠지는 것을 최고목표로 삼는다고 한다. 키벨레 여신은 억지로 그리스 신화에 끼어들었으며 그녀에 대한 기록은 많은 모순된 요소를 포함하고 있다. 키벨레는 제우스신 등의 어머니인 레아와 동일시되었다. 키벨레 축제 때 숭배자들은 사지를 자르기도 하고 집단성교를 벌이기도 한다. 키벨레 여신은 광기에 휩싸여 자신의 남근을 스스로 잘라버린 아름다운 청년 아티스와 사랑에 빠지기도 한다.

로마에서는 길들인 사자가 이끄는 전차에 키벨레 여신의 동상을 태우고 거리를 돌아다녔다고 한다. 5월 1일에는 기둥을 푸른 나뭇가지와 꽃, 천 조각을 장식하여 5월의 나무(Maypole)를 만들었고 이때 키벨레의 동상을 전차에 태우고 다니기도 했다. 5월이 봄의 여신이자 헤르메스의 어머니인 마이아(Maia)에게 헌사된 달이었다.

그달의 첫날을 키벨레에게 헌사하였다는 것은 생명의 주관자로서의 키벨레의 역할을 짐작해 볼 수 있는 대목이기도 하다. 이것은 중앙아시아에서 온 키벨레가 그러했듯이 모든 신의 어머니인 레아의 징표였다. 마이아 여신도 키벨레와 마찬가지로 사자가 헌사되어 있었다. 이는 로마 사람들이 키벨레를 레아와 동일시하였다는 것을 의미하는 것이기도 하다.

로마에 키벨레 여신이 도입된 것은 카르타고의 한니발의 군대가 이탈리아 내에서 로마를 위협하던 기원전 200년대라고 한다. 처음 로마에 등장한 키벨레 여신은 커다란 검은 돌의 모습이었고 팔라틴 언덕의 신전에 안치되었다. 이 여신은 이 세상에 존재하는 자연, 사람, 신 등 모든 것의 부모이자 주인으로 여겨졌다. 키벨레는 땅에 사는 모든 것을 생산할 수도 죽일 수도 있었기 때문에 로마 사람들은 마그나 마테르(Magna Mater, Great Mother)라는 칭호로 불렀다.

열정이나 열광을 의미하는 엔써시아즘(enthusiasm)이라는 단어는 내 안에 신성이 깃들어 있는 상태라는 의미를 담고 있다. 인간인 자신 안에 신성이 들어와 인간성이 신성으로 변한 상태를 일러 무아지경 또는 몰아지경이라고 한다. 이런 뜻을 지니고 있으면서도 열정과 대척되는 단어로 엑스터시(Ecstacy, 황홀경)라는 말이 있다. 엑스터시는 정신 나갔거나 영혼이 사라져 미친 상태라는 뜻이다.

열정이나 엑스터시 둘 다 제정신이 아니라고 볼 수도 있겠지만 열정은 긍정적인 의미인 데 반해 엑스터시는 부정적인 의미를 지니고 있다. 같은 이름의 마약도 있듯이, 감정이 고조되어 이성적 판단을 잃어버리고 이성을 망각하는 상태가 되어 황홀경에 빠져드는 것을 의미한다. 남녀 간의 성적인 황홀감이라든지 종교에서 영적으로 신비한 경험을 겪는 것도 일종의 엑스터시로 볼 수도 있다.

이슬람권의 신비주의 수피즘(Sufism)도 망아(忘我)를 최고의 신비적 체험으로 여겨 참선이나 요가도 개인적인 엑스터시 상태에 도달하는 것을 최고의 목표로 삼고 있으며 종교행사를 통에서도 집단적 엑스터시를 일으키고자 하는 경우도 있다.

신비주의라고 일컫는 수피즘(수피파)은 원래 원시 이슬람 사회 안에서 금욕이나 고행을 행하는 집단을 가리키는 말이었으나 그리스 사상과 유대교 그리스도교 불교 등의 신비주의까지 수용하는 사상계의 유파로 발전하였다. 이 수피즘은 이슬람 신앙의 형식주의 행위의 표면만을 보고 사람을 심판하는 이슬람법의 대척점에서 발전한 것으로 이슬람교가 세계적 대종교로 발전한 것은 실은 이 수피즘에 힘입은 바가 크다고 주장하는 이들도 있다. 한편 이슬람 사상 속에는 그러한 사고방식을 배격하려는 부류인 초기의 신비주의자들은 이슬람이 시리아로 확산될 무렵 출현했다. 신약성경의 영향을 받았으며 초기 신비주의자들은 금욕주의적 측면이 강했다.

수피(Sufi, 양모)란 양털로 된 누더기를 입고 다니는 사람을 의미하는데, 이는 금욕적 성격의 유파였음을 반증하는 말이다. 수피들은 8세기에 출현했는데 지옥의 공포에 대한 영향으로 참회, 금욕의 기풍을 진작시켰다. 중심 개념은 나프스(저급한 영혼)와 끊임없이 씨름하는 지하드(성전, 聖戰)였다.

수피즘은 쿠란에 근거하지만, 철학적 면에서는 신플라톤주의와 영지주의이며 조직적 면에서는 기독교 수도원 제도의 영향을 받았다. 정기적 명상과 밤샘 기도 등 금욕적 생활을 하다가 12세기에는 독특한 음악과 의식 갖춘 공동의 종교의식을 행하는 단체로 발전했다. 이들의 관심은 현세에서 알라와의 합일을 추구하는 것에 있었다. 회개, 금욕, 자제, 가난, 인내, 알라에 대한 신뢰, 만족의 단계가 있으며 마지막으로 진리와 지식의 초월적 영역에 도달하면 알라의 자비를 확신하고 형언할 수 없는 도취의 체험을 한다고 알려져 있다.

황하 문명의 종교를 대신하는
주역(周易, 역경)

    고대 4대 문명을 비롯한 잉카 문명 등 대부분의 문명으로부터는 반드시 종교가 부수적으로 파생되는 양상을 보여주고 있다. 그러나 유일하게 황하 문명에서만큼은 종교가 유래되지 않았다. 흔히들 유교나 도교라고 하여 종교로 착각할 수 있지만, 사실 이는 유가와 도가라고 하는 학문적 사상적 집단일 뿐 종교로서의 기본요건을 충족시키지 못한다. 황하 문명에서는 종교를 대신하는 주역(周易, 역경)이라는 독특한 학문이 생겨났다.

    동양철학의 시원은 천문에서 시작되며, 주역이라는 학문 역시도 제왕이 천문의 기운을 빌려 나라의 대소사를 점치는 수단으로부터 시발되었다. 요즈음엔 주역점이라고 하여 이것을 개인의 길흉화복에 적용하기도 하지만 원래는 미래의 국운의 예단하는 수단이었지 백성 개개인의 명운을 점치는 도구가 아니었다.

    지구의 북반구에서 살아가는 사람들이 바라보는 하늘의 위치는 북쪽(北辰, 북신)이고 그 북신의 천황대제인 북극성이 중심자리에 놓이면서 이를 중심으로 하여 자미원 권역이 안쪽에 형성되고 그 외부에 천시원과 태미원이 형성되어 있으며 태미원 영역에 소미원이 자리하며 7개씩의

별이 사방(동서남북)으로 28수(宿)가 전개되고 북두칠성은 반시계방향으로 돌아간다. 참고로 남반구에서 하늘을 올려 본다면 그곳의 북극성에 해당하는 별자리로는 남십자성이 있다.

북반구에서 바라보는 선천의 우주 공간에서 오운(五運, 목화토금수, 木火土金水)과 육기(六氣, 풍한서습조화, 風寒暑濕燥火)의 밝은 운기의 상(象)을 인간에게 심어 주었고 이 땅에서 하도(선천 8괘)와 낙서(후천 8괘)를 얻게 하여 주었다. 그래서 천문과 하도낙서, 운기(運氣)는 동양철학을 공부하는 역의 근본이고 바탕이 된다. 우주와 인간, 그리고 만물의 변화해가는 원리와 현상을 공부하는 것이 역이므로 그 근원적인 원리를 공부하기 위해서는 천지인 삼재를 공부하지 않을 수 없다.

동양철학에는 황제내경의 운기인 시간개념의 갑자(甲子)와 주역의 공간 개념인 괘효(卦爻)가 상호간(시간과 공간)에 교차하면서 체용(體用) 관계로 작용된다. 즉 운기학은 기운의 흐름을 연구하는 학문이고 사주명리학은 시간적 개념에 속하며 사상의학은 공간적 개념에 속한다. 황제내경 소문의 운기편은 기의 원리를 설명하는 7편인데 북두칠성의 무곡성을 기준으로 하여 그 상하에 존재하지만 보이지 않는 좌보성과 우필성을 추가한 9성으로 북두칠성을 상징한다는 근거에서는 운기9편이기도 하다.

일월(日月)과 목화토금수의 5성을 합한 7요(曜), 북두칠성을 7성(星), 28수(宿)가 4방에 퍼져서 방위별로 7개의 별자리가 있는 것을 7수라고 한다. 운기학은 28수에서 5운이 화함을 알게 된 것으로 황제내경의 황제와 귀유구, 기백의 문답이 그 시초이다. 4,700년 전의 황제가 신하(기백, 귀유구)와 우주에 대하여 대화한 내용으로 황제내경의 소문과 영추편에 그 내용이 실려 있다. 운기학의 구조는 북두칠성을 상징하고 28수의 이치에서 나온 학문이다 즉, 운기학은 북극성을 중심으로 북두칠성이 확장 부연되는 모습으로 전개된다.

신이 사라졌을 때 통곡하는 사람은 아무도 없다

인류 역사를 되돌아보면 신이 사라졌을 때 땅을 치고 통곡한 사람은 아무도 없다. 고대 이집트의 유일신 아톤(Aton)을 비롯하여 고대 페르시아 지방에서 융성했던 조로아스터교의 유일신 아후라 마즈다(Ahura Mazda), 바빌로니아의 마르둑(Marduk), 그리스의 제우스(Zeus), 인도의 시바(Shiva), 중국의 천제(天帝), 폴리네시아의 히나(Hina), 아이티의 부두(Voodoo) 등등, 수많은 신은 믿는 사람이 있을 동안에는 그런 신들 앞에 나아가 통곡하며 참회하고 기도를 올리는 사람들이 많았지만 그런 신들이 사라졌을 때 통곡하고 참회한 사람은 아무도 없었다.

믿는 대상이 존재할 당시에는 그런 신들 앞에 나아가 통곡하고 참회했으면서도 그 존재가 사라졌을 때는 왜 아무도 통곡하지 않았던 것일까? 그 이유는 너무도 간단하다. 그런 신들이 사라졌을 때는 이미 그 대상을 믿는 사람이 아무도 없었기 때문이다.

새로운 신을 믿는 사람들은 옛날 신들이 사라지기를 오히려 더 바랐을 터이니 통곡하기는커녕 박수를 치면서 환호했을 것이다. 그러면 시대를 초월하여 변함없이 하늘도 울고 땅도 우는 날은 없을까? 물론 있다. 우리가 믿는 신들이 사라지는 날이 아니라 바로 부모가 돌아가시는 날이고 나라가 망하는 날이다. 그런데 이 말은 뭔가 좀 이상하다.

두 분의 부모보다 또 삶의 터전인 나라보다도 백배 천배 더 높고 더 존귀한 존재로서 날마다 엎드려 절하고 소원을 비는 신이 사라지는 날은 왜 부모님이 운명하는 날보다, 또 나라가 망하는 날보다 덜 슬픈 날이 되는 것일까?

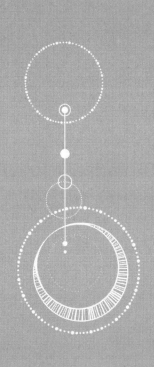

제3장

———

과학과 철학, 종교

우주의 탄생과 변화과정

우리의 우주 탄생에서부터 지금까지 변해 온 과정을 압축하면 지구로부터 3억 9천만 광년 거리에 있는 뱀주인자리(Ophiuchus) 은하의 중심부에서 ①약 150억 년 전의 빅뱅(Big Bang)에 의한 우리 우주의 탄생, ②약 138억 년 전의 우주 수축력에 의한 여러 은하계 탄생, ③약 45억 년 전의 지구의 탄생, ④약 200만 년 전의 인류의 탄생, ⑤약 7만 년 전의 인간의 인지혁명, ⑥약 1만 년 전의 농업혁명, ⑦약 3천 년 전의 과학혁명, ⑧약 3백 년 전의 산업혁명, 그리고 ⑨약 20년 전의 정보혁명을 거쳐 오늘에 이르렀다고 말할 수 있다.

인간은 이성적 인지력을 가지면서부터 지구가 둥글다는 사실을 알게 되었고, 지구와 달과 태양이 공전한다는 사실을 알게 되었다. 그 뒤 쿼크, 원소, 뉴런, 모나드 같은 물질의 최소단위를 알게 되었고, 중력의 크기에 따라 시간과 공간이 상대적이라는 사실을 알게 되었다. 또 원자, 전자, 중성자, 양성자, 쿼크 사이에 발생하는 힘의 원리는 일반물리학인 뉴턴의 운동법칙과 다른 양자물리학에 속한다는 사실도 알게 되었다.

그러면 이 광대한 우주에 그런 사실을 인지하고 있는 인간 같은 지적 고등생명체가 있는 별은 지구 하나뿐일까? 아니 생명체의 존재 환경이 꼭 지구 같은 환경이어야만 할까? 지구상의 모든 생명체는 탄소 유기물인데 탄소 유기물만 생명체가 되라는 법이 있을까?

이런 의문이 천문학자 칼 세이건(Carl Sagan)으로 하여금 "이 넓은 우주에 인지력을 가진 고등생명체가 인간뿐이라면 그것은 엄청난 공간의 낭비다"라고 말하게 하지 않았을까? 인간의 지적 능력으로 아직 찾지 못했을 뿐이지 탄소가 아닌 실리콘을 기반으로 하는 생명체도 얼마든지 가능하지 않을까?

우리 인간이 보고 듣고 인지할 수 있는 것은 한정되어 있다. 적외선과 자외선 너머에, 또 인간이 들을 수 있는 소리의 파장 너머에 얼마든지 다른 세상이 존재할 수 있지 않을까? 태양에서 매초 쏟아져 나오는 수억만 개의 중성미자(neutrino)를 우리 인간이 인지하지 못하듯 상호작용이 없어서 서로 인지하지 못하는 것도 수없이 많지 않을까?

만일 지구의 나이 45억 년보다 두 배 이상 많은 100억 년 된 지구를 닮은 행성이 있다면, 지구상의 인간이 발전시켜온 과학기술을 감안할 때 그곳의 지적생명체는 두 배나 앞서는 눈부신 과학을 발전시켜 놓고 있지 않을까? 그런 행성의 인간들은 어쩌면 투명인간일 수도 있고 따라서 우리 지구인들은 그런 투명인간이 바로 옆에 있어도 그들의 존재를 인지하지 못할 수도 있지 않을까? 아니 어쩌면 실험실의 생쥐처럼 우리 인간은 그들이 지구라는 실험실에 풀어놓은 실험동물일 수도 있지 않을까?

우리는 아직 원자(atom), 쿼크(quark) 같은 소립자만 알 뿐 투명생명체의 존재를 알지 못하는 것은 아닐까? 소리의 파장이 너무 커도 또 너무 작아도 인간은 들을 수 없는 것처럼 우주에 인간이 인지할 수 없는 것들이 있지 않을까? 우리가 자신 있게 밝혀놓은 과학적 이론도 결국은 인간이 정한 것일 뿐 우주적 차원에서 보면 모두 틀린 것일 수도 있지 않을까?

이런 관점에서 볼 때 인간이 인지하고 있는 세상에서는 인간이 절대자이고 신이다. 인간이 어떻게 인지하느냐에 따라 그 세상이 달라 보이기 때문이다. 내가 죽으면 내가 알고 있는 모든 세상도 끝날 것이므로 신이 있느냐, 우주를 만든 주인이 있느냐, 우주의 지배자가 있느냐 같은 질문은 아무런 소용도 없다. 내 인생의 주인공은 나이므로 '나'라는 존재야말로 이 세상의 주인공이다.

내가 없어진 다음에 있는 창조주가 도대체 나에게 무슨 의미가 있단 말인가? 우주를 버리더라도 또 창조주 신을 버리더라도 나를 버리지 말아야 할 이유는 바로 이 때문이다.

°양자물리학의 정신세계

양자물리학인 소립자의 세계는 물질 그 이전의 현상이며, 근원의 세계라고 볼 수 있다. 영적인 정신 영역이며, 생명의 내적으로 향하는 세계이다. 양자(proton), 전자(electron), 중성자(neutron) 등으로 물질적인 명칭을 붙여놓았으나, 형상 그 이전의 에너지 분야인 것이다.

과학자들이 물질로서 명명한 것은 그들의 낮은 의식에서 연유된 것이라고 본다. 이것들에는 그보다 훨씬 더 심오한 의미를 가지고 있다.

천체 인간 동식물 광물질 등의 모든 만물을 잘게 쪼개고 더 미세하게 쪼개면 종국에는 분자만 남게 된다. 이 분자는 개체의 고유한 성질을 가진 마지막 최소의 단위인 것이다.

이 우주의 별들은 99% 이상이 수소(H_2) 분자와 헬륨(He) 분자로 구성되어 있다. 이 우주와 자연계의 모든 물질과 생명체는 분자로 이루어진 세계이다. 분자를 적게 쪼개면 원자가 나오며, 원자를 더 미세하게 쪼개면 원자핵(양자, 중성자)과 전자가 나온다. 원자 이하의 미립자가 바로 양자물리학의 세계이다.

양자물리학에서 보면 이 우주와 모든 생명체는 양자, 중성자와 전자라는 소립자로 구성되어 있다. 양자와 중성자를 더 미세하게 쪼개면 각기 3종의 퀴크(quark)라는 것이 나온다.

쿼크(Quark)와 그 외의 중성미자(neutrino), 반전자 등 여러 가지의 소립자가 있으나, 이는 모두 하나의 근원으로 귀결되는데 이를 양자물리학에서 'M의 원리(M-theory)'라고 한다.

인간과 우주 만물을 소립자라는 근원의 세계에서 보면, 이 소립자들은 3종의 파동성 에너지이며 의식을 지니고 있는 의식체이다.

물질이 아닌 공(空, void) 상태이기 때문에 불교에서는 이를 두고 색즉시공(色卽是空)이라고 했다. 이 우주 만물은 물질인 것 같은데(색) 이는 가상이고, 실제는 초월성의 본질(공)이다. 이 말인즉 우리는 공을 색으로 잘못 알고 있다는 것이다.

창조주 신과 우주의 절대 본질이 하나이면서 동시에 셋인 삼위일체(성부, 성자, 성신)의 존재이다. 이 삼위일체가 물질세계에 투영되어 만들어진 것이 양자 전자 중성자이다. 이것이 만물의 근원 에너지이며 이를 인간은 3차원적으로 홀로그램 상태로 인식하고 있는 것이다.

인간의 육체를 이루는 세포를 확대하면 마치 우주 공간과도 같다. 원자핵을 태양에 비유한다면, 전자는 위성과 같이 그 공간 속에서 회전운동을 하고 있다. 그러나 핵과 전자 또한 에너지체로 모두 허공일 따름이다. 원자는 +에너지를 가진 원자핵과 −에너지를 가진 전자로 구분된다.

현재 물리학과 물질세계에서는 중성의 성질인 중성자에 대해 그 깊은 뜻을 놓치고 있다. 인간이 진화하고 상승하기 위해서는 중성자의 비의(秘意, secret)가 활성화되어야 한다. 중성자는 삼위일체의 핵심이며, 3차원의 시간을 넘어서는 절대 시간의 현재인 것이다.

일반물리학과 천체물리학이 거시(macro)의 외적 세계에 대한 것이라면, 양자물리학은 미시(micro)의 내적 세계와 본질의 세계로 접근하는 관문이다.

양자 세계의 소립자들은 상호변환하며, 입자이면서 동시에 파동의 양면성을 지닌다. 이들 소립자는 관찰자가 그 소립자를 관찰할 때에만 본모습을 나타낸다. 소립자는 서로를 알아보는 집단행동 의식체 행태의 물질 영역이 아니며 의식을 가진 에너지 영역에 속한다. 즉 소립자는 물질의 성질을 지니지 않으며 초공간적 존재로 위치와 공간이 무의미한 것이다.

3차원 의식(5관6식, 五官六識)은 3차원 범위 이내의 것만을 볼 수 있다. 에너지 의식체를 물질로 변형해서 보기 때문에 가상을 보는 것이다.

5관은 안이비설신(眼耳鼻舌身, 시각 청각 후각 미각 촉각)의 5가지 감각이며, 6식은 오관을 통한 모든 의식(意識)을 말한다. 참고로 7식은 말라식(자아의식)이고, 8식은 아뢰아식(잠재의식)이며, 9식은 아말라식(반야의 경지)이다.

반야심경(般若心經)에서 물질과 3차원 의식을 색수상행식(色受想行識)이라고 했는데, 공(空)은 바로 본질 세계인 에너지 의식을 말한다.

아인슈타인의 특수상대성이론은 색즉시공의 한 측면을 공식화한 것일 뿐이다. 'E=mc²'이라는 공식은 에너지가 곧 물질의 질량이고, 물질이 곧 에너지임을 뜻하는 말이다. 원자핵은 원자 크기의 1/10만, 부피는 1/1조이므로 절대적으로 거의 빈 곳인 셈이다. 원자는 전자기력에 의하여 그 형상이 유지되므로 모든 생명체의 생명력은 전자기력인 것이다.

우주 만물과 모든 생명체는 색즉시공의 세계 속에 존재한다. 색즉시공의 공(void)은 실존세계의 시작일 따름이며, 무한의 빛과 생명을 포함하고 이를 공의 속에서 펼쳐 나가는 것이다.

신화라는 것과 과학

우리 세계에 사람들이 집단화하여 이루고 살아가는 사회와 국가라는 형태에 신화라는 전설이 없는 곳은 찾기 힘들다. 대표적인 신화로 학문적 견해가 나온 것은 불행하게도 희랍신화와 로마신화 정도에 그치고 말았다.

20세기에 들어와서야 고대 신화 가운데 문서화 되어 있는 것이 희랍과 로마뿐이 아니라는 것이 밝혀졌고 그 가운데 현대 과학과 예술에 크게 작용하고 있는 것이 고대 인도의 힌두 경전들이다. 이를 발견하고 발굴한 것은 학문이지만 이들의 이해 불가한 내용들을 이용하여 예술에 적용한 것은 할리우드의 공상과학 영화 제작자들이었다. 그중 인도 고대 신화를 가장 생동감 있게 이용한 것의 예는 〈스타워즈(Star Wars)〉이다.

이 작품에 나오는 생소한 이름들은 모두가 힌두 고전에서 사용되고 있던 이름 그대로였다. 그런데 이변이 생긴 것은 이 공상과학 영화들, 말하자면 인도 힌두의 고전들이 말하는 것들이 우리 인류가 지구라는 한계를 벗어나 우주로 한 걸음을 옮기면 그게 바로 현실화가 된다는 것을 나사(NASA) 등의 첨단과학계가 알아차린 것이다.

아직은 여기까지다. 여기까지라는 말은, 우리 인류의 과학적 발견과 지식이 고대 신화들이 신화가 아니라 사실적인 실화였다는 것을 인정하고 이해할 단계에는 이르지 못했다는 말이다.

한 가지 기록물에 있는 신화의 대상을 현실에서 보기로 하자. 구약성경 에스겔서(이즈키엘 북)의 제40장부터 제47장까지에 나와 있는, 에스겔이 성령에 들려 천사를 따라가 보았던 최초의 성전과 똑같은 건물이 이스라엘이나 중동의 어느 지역이 아닌 남아메리카 페루 안데스산맥의 아마존강 상류 '코르디예라 블랑카(Cordillera Blanca)'산의 중턱 인간이 살지 않는 3,200m 에 외로이 아직도 그 목조 부분만 사라진 채로 그대로 현존하고 있다.

에스겔이 성경에서 한 묘사와 이 블랑카산에 남아 있는 건물은 한 치도 다름이 없다. 문제는 에스겔에 의하면 그는 천사에게 들려 천사가 가져온 비행체를 타고 날자 바로 그 성전에 도착했다는 것이다. 유대 땅에서 대양을 건너 또 밀림을 헤치고 들어가야 하는 페루의 아마존 원류 지대까지 순간이동한 것이다. 그 성전을 보고 나서도 순간이동으로 되돌아왔다.

에스겔이 달려가 볼 수 있는 그 어느 곳에서 에스겔이 묘사한 성전의 유적을 발견할 수 있다면 모르겠으나 그런 것이 없는 이상 우리는 싫더라도 페루의 인간이 살지 않는 곳에 외로이 남아 있는 이 '차빈 데 우안타르(Chavin de Huantar)'로 불리는 성전을 에스겔이 본 성전으로 삼지 않을 도리가 없다.

현대과학은 아직은 어린아이들의 소꿉장난에 지나지 않는다. 아인슈타인의 가설인 빛의 속도보다 빠른 속도는 없다는 말도 거짓이다. 아직은 측정방법이 없을 뿐이지 인간의 마음이 닿는 속도(염속, 念速)가 빛보다 느리다는 것을 증명할 방법은 그 어디에도 없지 않은가?

신화로 알았던 모든 것이 신화가 아니고 실제였다는 것이 밝혀질 날은 반드시 올 것이다. 인간의 두뇌가 10%만 더 활성화되더라도 말이다.

50년 전만 하더라도 손에 들고 다니는 작은 기계가 말도 하고 길도 가르쳐줄 줄은 그 누구도 상상조차 못 했었다. 헛소리로 듣지 않기를 바라는 마음이다.

특히 젊은 사람들은 앞으로 더 살아가야 할 날들에 더 관심을 가져야 할 것이다.

과학기술과 역사 그리고 종교

　인간사회에 일어나는 비극은 공포감으로부터 생기고 또한 그 공포감이 과학기술을 발전시키는 원동력이라는 생각이 든다.

　인간이 느끼는 공포의 감정은 신이라는 존재를 출현시켰다고 본다. 그만큼 미래에 대한 공포가 있었고 인간이 알지 못하는 그 무엇을 하나님화해서 종교라는 것이 출현했을 것이다.

　종교의 근원에 깔린 인간의 심리는 불확실성에 대한 공포이고 불안에 대한 자위다.

　기독교에서는 선악과를 따먹어서 원죄를 짓고 고통의 근원을 만들고 타락해서 실낙원을 초래했기 때문에 인간은 구원의 대상이라는 개념이다. 여기서 선악과란 바로 인간 모두가 가지고 있는 불교에서 말하는 오욕칠정이라는 감정이 있기에 신성함을 상실했고 원치 않는 악을 행함으로 죄인이라고 하는 것이다.

　불교에서는 이를 고(苦)라 하고 유교에서는 이를 두고 우환(憂患)이라고 하는데 기독교든 불교든 간에 해탈과 구원의 문제는 궁극적으로 개인의 문제이자 타고난 인간의 욕정 해결과 안락의 문제이다.

　그렇다면 종교와 과학과 역사는 어떤 관계가 있을까? 옛날에는 자연현상을 지배하는 것은 바로 신의 뜻이기 때문에 자연현상의 원인을 탐구하는 것은 신을 모독하는 것으로 생각했다. 천동설이 그렇고 진화론이 그랬다. 즉 하느님의 뜻이기 때문에 설명할 수 없고 신성한 영역을 설명해서도 안 된다는 것이다.

인문학이란 삶의 가치를 논하는 학문이라면 과학이란 사물과 자연의 이치를 논하는 학문이다. 그러므로 궁극적으로는 인간의 두려움을 없애고 가치 있는 삶을 인도한다는 점에서 동일하고 종교는 그 중심 역할을 한다.

즉, 인간의 예지능력을 키워주고 불확실한 미래에 대한 두려움을 제거해줌으로써 행복을 추구하기 위한 학문이라는 공통점이 있다.

역사의 기술은 과학적 방법론을 사용해왔으나 미래세계에 대한 예측만큼은 그 어떤 경향이 지속되고 반복될지언정 단일한 종속변수만으로는 규정하거나 예측할 수 없다. 즉 인간의 능력으로는 시간이라는 4차원의 세계를 극복할 수가 없고, 또한 시간 앞에는 어떤 존재도 역사든 과학이든 간에 인간의 비극을 극복하지 못하는 운명 앞에서 우리는 종교라는 믿음을 통하여 죄, 우환, 고를 치유하는 것이다.

종교란 앞에서 언급한 바와 같이 인간이 사는 세상에서 과학기술이라는 발전을 동반하면서 인간이 가지는 욕망을 제어하고 윤리라는 교통신호등이 작동하게 함으로써 인간사회의 충돌을 방지하는 역할과 분쟁을 줄이고 용서하는 역할을 한다. 거기에는 인간의 힘으로 해결할 수 없는 즉 미래세계라는 막연한 미지의 세계를 하나님이라는 존재를 통하여 안락함과 믿음을 주어 행복감을 증대시키는 역할을 한다는 점에서 과학과 역사 그리고 종교는 모두가 동일한 목적성을 지니고 있다.

과학에는 왜 신이 없을까?

과학자에게는 신이 있어도 과학에는 신이 없는 이유는 아주 간단하다. 영국 옥스퍼드대학의 저명한 생물학 교수인 리처드 도킨스(Clinton Richard Dawkins)가 말했듯이 인간이 믿는 신은 감정의 인간이 만들었기 때문에 감정 없는 자연과학은 신과 아무 관련이 없기 때문이다.

즉, 과학자는 감정을 가진 인간이기 때문에 신이 영향을 미칠 수 있지만, 과학 자체는 감정 없는 학문이기 때문에 신이 아무런 영향도 미칠 수 없다.

당장 인간이 믿고 있는 어떤 전지전능한 신도 해가 뜨고 지는 자연적 현상을 바꾸어 놓을 수 없고, 바닷물이 만들어내는 조수간만의 차를 멈추게 할 수 없다. 어디 그뿐이랴? 인간이 어떤 신에게 어떤 공을 들이며 영생불멸을 기원하더라도 이승에서의 영생불멸은 불가능하고, 불행 없는 부귀영화만 달라고 기도하더라도 들어줄 신이 없을 것이다.

이렇게 인간이 만든 신은 인간의 마음에만 영향을 미칠 뿐, 자연현상에는 절대로 영향을 미칠 수 없다. 동서양을 불문하고 이런 이치를 모를 사람은 아무도 없다. 그런데도 동서양을 불문하고 오늘도 셀 수 없는 많은 사람이 어떤 신도 들어줄 수 없는 영원한 부귀영화를 빌고 또 빈다.

그러나 엄격한 의미에서 볼 때 그렇게 비는 일은 부처나 예수라는 어떤 구체적인 신이나 절대자가 아닌, 있다고 가정된 일반적인 신이나 절대자에게 비는 것이다. 종교를 믿지 않는 비신앙인도 너무나 억울한 일이 생기면 "신이여 굽어살피소서!" 하면서 신을 찾고 반대로 너무 좋은 일이 생기면 "하나님 감사합니다" 하며 하나님을 찾는 것을 보면 명백하다.

이렇게 볼 때 신에 대한 갈구는 어떤 구체적인 신을 향한 것이 아니라 그저 천부적으로 주어진 인간의 나약함이 반사적으로 작동하는 선천적 갈구이다. 인간이 존재하는 한 신의 형태는 바뀔 수 있어도 인간이 찾는 신은 영원히 사라지지 않을 것이다.

첨단과학이 강조되고 있는 오늘날에도 신이 사라지지 않고 있는 이유는 그런 나약한 인간이 있기 때문이지 우주 어딘가에 실제로 신이 있기 때문이 아니다. 과학은 과정론을 바탕으로 하고 신학은 결과론을 바탕으로 한다. 결과론은 어떤 결과가 생긴 이유와 과정을 꿰맞추어 가는 작업이므로 결과론에는 오류가 있을 수 없다. 어떠한 이론이든 꿰다 맞추면 얼마든지 맞추어지기 때문이다. 반면 과학은 사전에 아무런 가정도 없는 무의 상태에서 시작하여 어떤 현상이나 어떤 사실의 시작과 끝을 밝혀가는 과정론적 학문이다. 그런 과정론은 일정한 결론을 정해놓고 꿰맞추어 가는 결과론과는 전혀 다르다.

누구나 알고 있듯 인간 세상의 주인은 인간이고 따라서 인간이 주인 아닌 인간 세상은 있을 수 없다. 인간이 주인인 세상은 당연히 "신이 만든 인간이 있는 곳이 아니라 인간이 만든 신이 있는 곳"이다. 이렇게 인간 세상의 주인은 인간이므로 주인인 인간이 종인 신을 부릴 수는 있어도 종인 신이 주인인 인간을 부릴 수는 없다. 주인은 언제든지 자기의 명을 거역하는 종을 쫓아낼 수 있듯 인간을 불행하게 하는 신은 주인인 인간이 당장 쫓아내 버릴 것이기 때문이다.

지금까지 인간을 불행하게 하는 절대자를 신으로 숭앙했던 적이 단 한 번도 없었던 인류역사가 이를 증명한다. 이렇듯 인간이 필요로 하는 생필품으로서의 의식주와 정신적으로 의지하는 신앙은 시대마다 바뀔 수 있지만, 그 이용자인 인간은 영원히 바뀔 수 없는 인간 세상의 절대적 주인이다.

종교와 과학을 연결하는 것이 철학이다. 철학은 과학에는 길을 제공하고 종교에는 합리성을 제공한다.

삶의 세계와 죽음의 세계는 모두 우주의 일부분이다. 단지 에너지의 레벨이 다르기 때문에 육신(肉身, 혼)을 가지고는 갈 수 없으며 죽음 이후의 세계는 에너지의 레벨이 다양하기 때문에 사람이 죽으면 영혼백(靈魂魄) 중에서 영은 그 에너지에 맞는 곳으로 방향성을 가지고 염속(念速)으로 우주의 그 공간으로 이동한다.

우리가 공부를 하고 수행을 하고 덕을 쌓는 등의 모든 행위가 결국은 영혼의 에너지를 높이는 일인 것이다. 영혼의 에너지가 높은 사람은 만물에 널리 이로움을 주는 인간이다. 그것이 바로 '홍익인간'이다. 현대 종교는 물질 위에서 성장하면서 철학적 사고를 잃어버렸다.

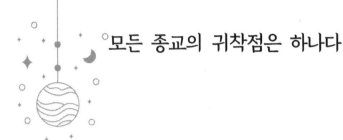

모든 종교의 귀착점은 하나다

신앙의 개념을 떠나 종교를 학문으로써 관심을 가지고 종교의 이상과 이념에 대하여 살펴본 결과 모든 고등종교가 가진 진리란 결국 한 가지뿐이었다. 종교마다 주장하는 방법론에서 차이가 있을 뿐, 결론은 하나로 귀착된다.

종교가 힌두교, 불교, 기독교, 이슬람교 등으로 나눠진 것은 우리 인류가 살아온 지역에 따라 그 환경의 영향으로 달라진 것일 뿐이며, 인류의 기본 틀은 그대로이다. 하나님만 찾는 어떤 사람이 만일 태국에서 태어나고 성장했다면 그는 불교도가 되었을 것이다.

모든 종교의 귀착점은 단 하나로 같다. 방법론의 차이를 가지고 다르다고 우기면서 내가 믿는 것만이 옳은 진리이고 다른 사람이 믿는 것은 불의라는 생각을 하는 사람은 다른 종교가 말하는 진리가 무엇인지 모르는 주관적이고 편협한 표층적 종교인이다.

우리 인간이 어떤 먹을 것을 섭취해야 생명을 유지하는 존재로 태어난 이상 반드시 죽는 날을 받아 놓았다는 것 또한 동일한 개념이라고 볼 때 어떤 종교든지 그 종교를 심층적인 관점으로 접근한다면 구극적 이상과 이념의 종착점은 동일한 원리로 귀착된다. 내가 믿는 것만 옳다고 주장한다면 객관성을 상실한 단세포적인 존재에 불과하다.

신과 영혼, 전세(前世)와 내세(來世)

신, 영혼, 전세와 내세 등 비물질적인 것들이 존재하느냐를 묻는다면, 그것들은 존재 가능하다. 이 난해한 문제에 대해 가장 먼저 생각할 것은 우리가 살고 있는 우주의 구성물질을 살피는 것이다.

21세기 과학이 밝힌 바로는 우리 우주의 구성은 물질(Matters)이 전체의 4.9%이고, 우리가 보지도 느끼지도 못하는 암흑물질(Dark Matters)이 27%, 그리고 도대체 무엇인지 가늠조차 불가능한 암흑력(Dark Energy)이 68%라는 것이다.

우리가 눈으로 보고 감각으로 느낄 수 있는 존재물이라고 하는 것은 모두가 물질이고 우리의 몸도 물질이다. 따라서 비물질로 흔히들 생각하는 암흑물질이나 암흑력으로 형성된 그 어떤 존재가 얼마나 있을지라도 우리는 그 존재를 모른다는 것이다.

설사 인류가 아닌 우주인들이 우리와 이 지구상에 지금 함께 살고 있다 하더라도 우리는 그들을 알 수가 없다. 왜냐하면, 그들은 우리가 아는 물질이 아니기에 우리가 분간할 수 없기 때문이다. 그런데 우리 인간은 물질적인 반응만으로는 보기 힘든 기능 즉 정신을 가지고 있고 이는 눈에 보이거나 터치할 수가 없다.

이 정신 또는 영혼이 암흑물질이거나 암흑에너지로 구성된 것이라면 그것은 존재이고 있는 것이 된다.

인간의 정신이 그렇다면, 신이나 전세(前世) 및 내세(來世) 역시 그런 존재일 수 있는 것이다.

지금까지의 과학으로 분석한 것은 인간은 뇌의 용량에서 겨우 4~8%를 이용할 뿐 92~96%의 뇌 물질조차 가동시키지 못한다는 것이다. 우리 인류의 앞으로의 발전은 무한하다고 할 수 있는데 그것은 뇌의 활동을 100%에 가깝도록 올리는 방법의 발견일 것이다.

뇌의 용량 중에 겨우 최대 8%로도 인류는 지금과 같은 발명과 발견을 해냈고 화성을 식민지화하겠다고 하는 상황이다. 앞으로 인류가 뇌의 용량 90%를 활용할 단계에 이르면 그때의 세계는 어떤 세계가 될지 아무도 모른다.

그렇다 하더라도 이는 겨우 우주의 5% 구성분에 지나지 않는 것이다. 이러함에도 하나님이 세상을 창조하셨으니 그를 믿고 의지해야 한다는 종교가 존속될 수 있을지는 알 수 없다.

우주는 우리의 우주뿐 아니라 다중 우주가 존재하고 그 각각의 우주는 그 구성분이 서로 다를 수도 있다는 것이 양자이론이다. 다만 현재로서는 불가역적인 사실 하나가 시간의 일방향성(거꾸로는 못 간다는)이지만 이것 역시 언제 변할지는 아무도 모른다.

지금은 배우지 않고 있으면 그 자체로 후퇴하고 만다는 것만 마음에 두면 된다. 고대의 신화들은 신화가 아니라 실제로 존재했던 것들의 서술일 수도 있음을 잊어서는 안 된다.

조로아스터(Zoroaster)와 짜라투스트라(Zarathustra)

니체는 독일이 낳은 위대한 철학자이자 시인으로 현대사회의 사상철학 분야에 큰 영향을 끼친 인물이다. 그는 기존의 도덕률을 거부한 철학자로도 유명하다. 니체의 작품 중에서 《짜라투스트라는 이렇게 말했다(Zarathustra sagte)》는 우리에게 삶의 방향을 알려주는 철학적 서사시이며 그가 남겨 놓은 위대한 유산이다. 이 작품은 짜라투스트라가 혼자 말한 독백의 형식으로 짜라투스트라의 마음속에서 일어나는 정신적인 변화를 잘 표현한 내용으로 깨달음을 얻은 후 가르침을 전하는 모습을 그린 철학서이다.

"모든 사람을 위한 그러나 그 누구의 것도 아닌 책"이라는 표현은 그의 저서가 모든 사람을 위한 것인 동시에 누구도 이 책을 받아들일 수 없다는 의미로, 니체의 자존심과 자부심이 느껴지는 표현이라고 할 수 있다.

신은 죽었다고 외치는 《짜라투스트라는 이렇게 말했다》의 첫머리에 그가 초인으로 내세운 짜라투스트라가 10년간 산속에서 수행하다가 속세로 나가기 위하여 하산하는 장면이 나온다. 짜라투스트라는 세상에서 만나는 사람들을 향해 '신은 죽었다'라는 말을 목소리 높여 외친다. 여기서 신이 죽었다는 의미는 그 시점까지의 낡은 가치와 신앙 그리고 도덕의 죽음을 일컫는다. 그동안 절대적으로 믿고 있었던 관념과 자신이 숭배하는 가치 등에 대하여 객관적 시각에서 생각하고 의심해 보라고 주장한 것이다. 또 다른 관점에서는 교황 중심의 봉건시대가 끝나고 인간 중심의 새로운 시대가 열렸다는 선언이기도 하다. 니체는 그 당시의 시대적 상황을 신의 죽음이라는 상징적인 표현을 통하여 강렬하게 어필했던 것이다.

'신은 죽었다'와 함께 니체의 사상에서 중요한 위치를 차지하고 있는 것으로 '위버멘쉬(Übermensch, 超人, 초인)' 사상이다. 즉 신의 사망 선언에 따른 새로운 존재가 탄생하게 되는데, 기존 사고의 틀을 뛰어넘고 초월하는 인간(슈퍼맨)이라는 개념이 바로 위버멘쉬다. 그 초인은 마냥 기다린다고 오는 게 아니라 자신을 사랑하는 것으로부터 비롯된다고 했다. 위버멘쉬는 기존의 가치를 파괴하고 새로운 가치를 창조하는 철학적 의미가 담겨 있는 것이다.

짜라투스트라는 이 세상을 두고 주사위 놀이를 하는 신들의 탁자라고 표현했다. 즉 인간의 삶을 주사위 놀이에 비유하고 있는데, 주사위는 매번 던질 때마다 어떤 숫자가 나올지 모르기 때문에 사람들은 또다시 주사위를 던지고 자신에게 새로운 흥미와 희망을 갈망한다. 하늘 높이 던져진 주사위는 땅에 닿기 전까지 많은 변수에 노출되는데, 주사위가 허공에 있을 때는 우연이지만 땅에 떨어지면 필연이 된다. 그 주사위가 던져지고 떨어지는 것은 반복이지만 이것은 동일한 반복이 아니라 던질 때마다 다른 조건의 반복이다. 이 같은 반복은 연속이 아니라 늘 변화하고 다르게 돌아온다는 영원회귀의 의미이기도 하다.

니체는 운명애(運命愛, Amor fati)라는 명제를 통해 자신의 운명을 사랑하라고 했다. 그의 사상 중에서 자신의 운명을 긍정적으로 받아들이고 더 나아가 운명을 사랑해야 한다고 했다. 운명애는 어쩌면 생에 대한 강력한 의지의 표현이기도 하다. 니체는 이러한 운명에 대한 사랑이 인간의 위대함을 보여주는 것으로 여겼다.

니체는 열정적인 동시에 힘든 삶을 살았다. 그는 건강이 안 좋은 와중에도 정열적으로 자신만의 독특한 철학사상을 담는 집필을 이어 갔다. 니체는 마지막으로 "나는 죽었다. 말들을 심지 않았기 때문이다"라는 말을 남기고 떠나갔다. 하지만 지금까지도 이 말의 의미를 명쾌하게 해석한 사람은 없다고 한다.

참고로 짜라투스트라(Zarathustra)는 영문으로는 조로아스터 (Zoroaster)이고 그리스어로는 조로아스트레스(Ζωροάστρης)인데 그는 고대 메소포타미아 문명 지역인 지금의 이란 북부지방에서 태어난 예언자로서 그의 이름을 딴 조로아스터교(Zoroastrianism, 배화교, 拜火敎)를 창시한 인물이다. 그의 출생과 생애 및 활동 근거지에 관해서는 출처별로 매우 상이한 내용들이 전해지고 있다. 그 일례로 출생 연대만 하더라도 BC 6000년에서부터 BC 600년까지 그 주장이 다양하다.

인공지능(AI)과 영혼

인공지능(AI)은 인간에 대한 이해로서 영혼의 어떤 형이상학적 개념의 문제점을 제대로 파악하지 않고서는 인간을 닮기 힘들 것이다.

인간을 완벽히 닮은 AI 를 창조하려면 유물론적 뇌 과학보다 유신론적 영혼의 문제로 접근해야 한다. 즉 우리가 영혼이라는 말을 얼마나 잘못 이해하고 있는지부터 알아야 한다.

우리가 흔히 영혼이 없는 삶이라고 할 때 영혼은 '혼'에 방점이 찍힌다. 따라서 혼이 없는 삶이라고 해도 뜻은 통하지만, 영이 없는 삶이라고 하면 왠지 어색하다. 그러나 영혼이 없는 삶을 고대 그리스나 히브리적으로 이해한다면 이는 혼이 아니라 영(Spirit, 정신)이 없는 삶을 뜻하는 경우가 일반적이다.

왜 이런 차이가 발생할까? 그리스 철학과 기독교에서 영(Spirit)과 혼(Soul)은 비교적 구분이 뚜렷하다. 혼은 생명을 가능케 하는 기제의 의미가 본질이다. 즉 생명의 숨을 의미하는 것으로 영어로는 Soul 에 해당하고 한자로는 '혼(魂)'이며 우리말로는 넋이다. 따라서 넋이 나간 사람은 혼이 나간 것이 아니라 바로 이 영이 나갔다는 의미가 올바른 것이다. 혼이 나가면 하드웨어인 육신만 남기 때문이다.

이 혼이 어떤 영을 만나느냐에 따라 그 사람의 인격이 결정된다. 즉 우리가 말하는 영혼이란 생명을 유지하게 하는 요소(혼)가 어떤 신적 존재(Entity), 즉 영(Spirit)과 결합한 상태인 것이다.

인간의 육체는 AI 에게는 하드웨어다. 그리고 살아 움직이게 하는 인간의 혼은 운영체계이고 이성을 통해 선악 구별을 하는 인간에 깃든 영이 바로 AI 로서는 알고리즘이라 할 수 있다.

성경 요한복음에는 천지를 창조하신 하나님의 영은 곧 말씀이라고 쓰여 있다. 천체물리학의 우주론에서는 빅뱅 이전의 우주 인플레이션 개념을 통해 '무로부터의 우주(Universe from Nothing)'를 재성찰하게 한다. 이 희랍의 무(無)라는 개념은 히브리 성서의 무와는 다르다. 창세기는 흑암과 혼돈의 카오스를 전제로 한다.

흥미로운 것은 무에서 창조된 우주라는 현대 우주론에서 무로부터 유가 발생하게 되는 양자법칙이 우주의 실체보다 선행한다는 점인데 물질이 존재하기 이전에 존재하는 물리법칙이 바로 정신(Spirit)이고 로고스(Logos)라고 이해할 수 있다.

영이 혼에 선행된 것이며 여호와가 아담을 지으실 때 먼저 신의 형상대로 짓고 나서 생명의 숨 즉 혼을 불어넣었다는 것은 아담이 동물들과는 달리 영적 존재였다는 것을 의미한다.

기계적 인공지능(AI)과 무신론적 진화론으로는 인간의 출현을 재현하거나 증명할 수 없다는 것이 크리스천들의 관점이라고 본다.

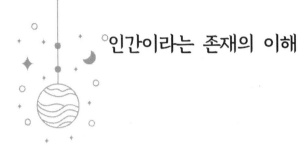

°인간이라는 존재의 이해

 신이 있는 종교는 믿기만 하면 그만이고, 왜 믿느냐고 했을 때 이해할 수도 없고 믿을 수도 없으니 믿지 않으면 어쩔 것이냐고 하면 그만이다. 그것은 인간이 인간의 지능으로 상정한 존재를 부인하는 것은 자기부정이기에 그럴 수는 없는 것으로 당연한 결론이 되는 것이다.

 그러나 신이 없는 종교의 설명에는 나(자아, Atman Ego)라는 존재가 무엇이냐가 해명되기 전에는 이해도 각성도 불가능할 것이므로 그 해답이 공(空, The aesthetic ultimate undifferentiated continuum, 지극히 심미적이고 분화되지 않는 영속체)이라 할 수 있다.

 이 하나의 해답을 얻기 위해 싯다르타 왕자는 40년을 헤맸고, 그 자신의 발견을 남에게도 알리기 위해 또 40년을 헤맸다. 그가 발견한 진리를 타인들도 깨닫게 하도록 팔만의 경전들이 생겨났으며, 자이나교 측의 수행자들은 평생을 몸에 아무것도 걸치지 않고 아무것도 소유함이 없이 떠도는 고행을 서슴지 않았다.

 하물며 학자가 아닌 사람이라면 나름의 노력을 해도 자기 존재가 '지극히 아름답고 분화되지 않는 영속체'일 뿐이라는 것을 체득, 득도, 해탈하지는 못할 것이고, 그럴 가능성도 희박하다.

 인간은 정신만으로 구성된 존재가 아니라, 육체라는 물질이 절반을 차지하는 존재이기에, 물질(Matters)이 무엇이며 그 기원이 어디서 유래된 것인지, 즉 물리화학적 고찰이 확정되어야만 하는 것이다.

이건 과학이지 종교가 아니다. 21세기 현대과학은 이제야 겨우 만유(萬有, 물질)는 끈(String)이나 초끈(Super String)으로 구성된 것이라고 양자이론(量子理論, Quantum Theory)에서 밝혔지만 그 끈이 무엇인지는 아직 해명되지 않았을뿐더러, 우리의 우주는 그 물질(Matters) 이외에도 암흑물질(Dark Matters)이 27%, 암흑에너지(Dark Energy)가 68%를 차지하고 있어 정작 그렇게도 무엇이냐고 찾는 물질(육체 구성분)은 겨우 4.9%에 불과하다니 말이다.

이런 연유로 우리는 어느 종교에도 편향적이지 않으며, 어느 종교도 배척하지 않아야 한다.

유가(儒家)라는 학문적 집단과 유교(儒敎)

유가(儒家)는 중국 춘추전국시대 제자(諸者) 중의 한 사람인 공자가 기존의 정신문화를 이어받아 만든 학문적 집단인 소위 백가(百家) 중의 하나로, 동아시아 지역에서 보편적인 예법과 습속의 근간을 이루어 왔다. 이들 지역에서 유가가 차지하는 위치라든지 사상적, 문화적으로 끼친 영향은 광범위하고 심원하다.

유가를 학문적 측면에서는 유학이라고 하고, 교화적 초점에서는 유교라고 하며, 실천적 측면에서는 유술이라 하고, 그 집단의 구성원을 지칭할 때는 유림 또는 유생이라고 한다. 유가의 사상과 이념, 주장 등을 종합해보면 수기치인(修己治人)의 도라고 말할 수 있다. 즉 자기 자신을 수양하고 백성을 잘 다스림을 목표로 삼는 인간다운 삶을 밝혀놓은 사상이라고 할 수 있다.

유가의 형성과정을 〈중용〉에서는 공자가 요순을 본받아 연술하고 주나라 문왕과 무왕을 본받았다고 기술되어 있다. 요순은 BC 2000년 무렵의 인물이고, 문왕과 무왕은 BC 1100년대 무렵의 주나라의 임금이다. 이 주장을 근거로 하여 유가에서는 요순부터 문왕, 무왕, 주공, 공자, 맹자로 그 도통이 이어진다고 내세우고 있다. 유가에서 공자는 대성

(大成)이란 두 글자로 존칭된다. 성균관이나 향교 등에서 대성전이라고 하는 건물의 편액도 이런 연유에서 붙인 것이다.

공자 사상의 중심 개념인 인(仁)은 인간 삶의 최고의 가치이자 만사의 근본이라 할 수 있다. 인이라는 한자를 파자(破子)하면 人+二로 이는 두 사람과의 관계를 뜻한다. 즉 아(我)와 피아(彼我)간에 지켜야 할 도리라는 의미로 풀이된다. 인간과 인간은 물론이고 인간과 만물과의 관계에서도 근본 도리는 바로 '인'이다. 인간과 인간의 도리는 삼강오륜으로 요약할 수 있고, 인간과 사물 간의 도리는 제생이물(濟生利物)이라고 요약할 수 있다.

우리나라에서는 유가를 종교화하여 유교라고 흔히들 말한다. 유교란 말은 불교, 도교와 연관하여 사용되기 시작하였다고 본다. 유교를 종교적 관점으로 보는 것에는 학문적 체계에서 유교가 어떻게 자리매김하느냐와 관계가 있다. 사상사적 위상과 관련하여 공자를 소크라테스와 동류의 철학자로 보느냐와 붓다나 예수, 무함마드와 같은 종교가로 보느냐의 관점에 의한다. 공자의 사상이 천도에 근거하여 사람들에게 규범을 제시하였으므로 종교의식이나 종교 정신의 본질로 볼 수 있다는 견해도 있겠지만 종교란 근본적으로 내세관의 유무에 입각하여 판단하는 경향이 대세라고 본다. 또한, 유가의 성격이나 철학이 일반적인 종교와 같이 분류될 수 없다는 측면도 있다.

우리나라에 유가 사상이 전래된 기원에 대한 견해는 세 가지로 요약해 볼 수 있다. 첫 번째는 BC 12세기경 은나라가 폐망한 후 기자가 고조선에서 홍범구주(洪範九疇)의 원리에 따라 8조 금법(禁法)으로 백성을 교화하였다는 역사적으로 의문시되는 설이 있다. 두 번째는 고조선과 인접한 전국시대의 연나라를 통해 문물이 전래되면서 유가 사상도 함께 전해졌다는 설이다. 세 번째는 고조선 멸망 이후 한사군이 설치되면서 중국문물의 유입과 함께 유가 사상이 도입되었다는 견해이다. 삼국시대에 들어서면서 고구려에서 유가 경전을 가르치는 기관인 태학을 세운 것은 우리나라 유가 사상에 큰 의미를 지닌다고 본다. 백제가 수용한 유가 사상은 일본에까지 전파되었다. 신라의 임신서기석(壬申誓記石)은 당시의 경전연구와 유가 정신을 그대로 보여주고 있으며 진흥왕의 순수비(巡狩碑) 내용에도 유가적 통치원리가 담겨 있다. 삼국시대 때 지방에서는 경당(扃堂) 등의 유가 경전을 가르쳤던 교육기관이 있었으며, 율령도 만들었다. 초기에는 유가 이론 자체보다는 시를 짓는 등의 문장 중심이었다가 고려 말기에 주자학이 들어오면서 그 기류도 이론 중심의 유교 사상으로 변질되기 시작하였다.

사실 춘추전국시대 당시의 유가는 법가나 병가, 묵가, 종횡가 등의 가문에 비하면 각국의 제후(왕)에게 인정받지 못하는 처지였다. 그러던 것이 한나라 무제(한무제)가 이른바 파출백가 독존유술(罷黜百家 獨存儒術)이라는 통치이념을 선언함으로써 다른 제자백가 사상은 폐기되고 오직 유가 사상만을 받들면서 그 이후 동아시아인의 머리와 가슴을 온전히 지배하게 되었다.

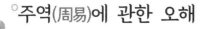

주역(周易)에 관한 오해

'역(易)'이라는 글자는 해(日)와 달(月)이 합성된 글자이다. 해는 낮을 말하고 달은 밤을 말하며, 낮은 밝음을 밤은 어둠을 상징하기에 밝음은 양이요, 어둠은 음인데 이 둘은 항상 번갈아 바뀐다. 그럼에도 불구하고 바뀌지 않는 것(불역, 不易)은 이렇게 바뀐다는 것 그 자체이다.

역경은 변화와 무변화를 기술함으로써 우주 만상 및 우주 만물의 생성과 소멸이 변함없이 지속성을 가지는 원리와 그 과정을 논의 해석하는 경전인 것이다. 필자는 역경을 읽으면서도 다른 책들처럼 쉽사리 이해할 수 없었던 이유는 천체물리학을 잘 몰랐기 때문이었고, 역경을 이해하게 된 것은 아인슈타인의 특수상대성 이론과 일반상대성 이론을 어느 정도 이해를 하고 나서 양자이론에서 존재물질의 근본인 입자가 동그란 점이 아니라 선(線)인 초끈이론(string 또는 super-string)을 확인하고 알았다.

'易'을 주역에서 표현하는 방법이 괘(卦)와 효(爻)의 변화인데 괘를 이루는 효란 바로 초끈이론을 말하는 것으로 보아야만 역경이 이해될 수 있다. 20세기 이후가 되어서야 서구의 과학은 겨우 우리 우주의 구성과 구조가 끈으로부터 이루어진 것을 규명하고 있지만, 아직 모든 물질형태의 성상이 다른 것이 끈의 진동에 의하는 것으로만 아는 정도이지 역경이 의미하는 음과 양의 역동성까지를 밝히지는 못하고 있다고 보아야 한다.

주역을 공부하고자 하는 사람들은 복희씨의 팔괘에서부터 김일부가 수정해 놓은 정역(正易) 팔괘까지를 모두 살펴야 한다. 이는 서구 물리학이 뉴턴의 만유인력으로부터 아인슈타인의 중력을 거쳐 핵력(核力) 또는 앞으로 더 알려질 초끈의 힘으로 가는 과정을 알아야 하는 것과 같다.

이것은 상식적인 사항이며 역경은 결코 점을 치는 도구가 아닌 우주의 생성과 소멸 등 그 운행과 지구의 운명을 논한 글이다.

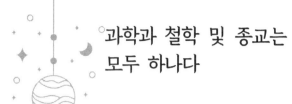

과학과 철학 및 종교는 모두 하나다

지금까지의 신은 인간을 위해서 존재해왔다고 볼 수 있다. 따라서 자연 중심주의가 되어야 진정으로 인간을 위하게 된다. 기독교와 불교에 의존하지 않고도 인류애, 자연애를 실현해야 한다. 그것이 노자와 천부경에서 말하는 우주관의 정신이다. 인류는 하나의 천지부모로부터의 공동자손이기에 민족과 인간을 벗어날 때 우리 인류는 구원될 것이다. 인간중심주의는 인간을 배반하는 마지막 거짓말이므로 구원을 향한 적절한 사상일 수 없다.

21세기 현재 시점에서의 종교와 철학 그리고 과학이라는 각각의 장르를 하나의 범주로 보는 새로운 개념의 시대로 접어들고 있다고 하겠다. 예를 들어 양자물리학에 이르면, 이미 물리학은 과학이 아니라 형이상학적인 것이 되고 만다. 양자물리학자들은 "사실이라고 하는 것은 모두가 주관적인 것이다."라고 결론을 내리고 있다. 왜냐하면, 동일한 것을 여러 명이 동일한 시간에 똑같이 본다고 하더라도 그 물질의 실재는 보는 사람마다 다르게 보이기 때문이다.

같은 물건을 동시에 보는 조건임에도 보는 사람마다 다르다고 하는 것은 불교에서 말하는 일체유심조(一切唯心造)와 같은 맥락이다. 양자물리학자들은 여러 사람이 하나의 전자현미경으로 동일한 대상을 관찰할 때, 수십 대의 모니터에 연결하여 수십 명이 동시에 같은 장면을 보더라도 모두 다르게 보인다고 하였다. 이는 관찰하는 위치가 같음에도 각각 다르게 보인다는 말이다. 그렇기에 지금의 양자물리학에서는 "과학과 철학 및 종교는 모두 하나다."라는 결론을 내리고 있는 것이다.

　어찌 되었든 간에 양자이론을 전공하는 과학자들은 하나같이 기독교에서 불교로 개종을 시도했다고 한다. 불교의 유식이론과 양자론(Quantum Theory)이 같아진다는 결론 때문으로 추정된다. 즉, 불교유식론=양자론이라는 등식이 성립된다. 종국에는 철학이 내놓는 결론과 양자물리학이 내놓는 결론이 결과적으로는 일치한다는 것을 알게 되었다는 점이다.

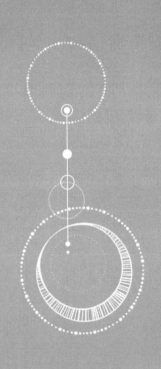

제4장

———

기독교와 이슬람교

이스라엘의 역사와 신구약성서 탄생 배경

다윗이 기원전(BC) 1000년경 예루살렘을 정복하여 그곳에 수도를 정하고 주변의 이민족들을 복속시켜 이스라엘 왕국을 건설하여 발전시키고 남북 이스라엘을 통일시켰다.

그 뒤를 이어 솔로몬이 왕이 되어 전성시대를 열었다. 솔로몬이 죽고 이스라엘은 북이스라엘과 남유다왕국으로 분열이 된다. 북이스라엘은 아시리아(Assyria)에 의해 멸망(BC 700년대)되고, 남유다왕국도 BC 500년대에 신바빌론의 침공으로 멸망하면서 이스라엘 민족은 바빌론의 포로 생활이 시작된다.

이 바빌론 지역에서 살아가는 동안에 자료가 수집되어 구약성서를 완성하게 된다. 이렇게 구약은 유대인들이 저술하여 히브리어로 기록된 것이다.

유대인들은 바빌론에서 포로 생활 중 새롭게 중동의 강국으로 등장한 페르시아가 바빌로니아를 무너뜨리면서 페르시아 왕의 해방칙령으로 유대인들로 하여금 옛 유대 땅으로 돌아가게 한다.

이때가 BC 400년경으로 모든 유대인이 돌아간 것이 아니라 일부는 남고 일부는 유대 땅으로 돌아가게 되었다. 이리하여 그들의 땅으로 돌아간 유대인을 팔레스티나 공동체라 하고, 바빌론에 남은 유대인들을 디아스뽀라 공동체라고 한다.

그 후 이스라엘은 BC 333년 새로이 강대국으로 부상한 그리스 치하에 들어가게 된다. 그리스의 알렉산더 대왕은 대제국을 건설하고 곳곳에 그리스 문화와 언어를 유포시켜 헬레니즘 문화를 형성시키게 된다.

한편 성경의 단계별 형성이론인 3단계 구약 분류방식은 BC 400년대의 율법(토라)과 BC 300~200년대의 예언서(네빔)와 BC 165~100년대의 성문서(케투빔)로 분류하기도 한다.

대제국인 그리스의 헬라어가 공용어로 되면서 추가로 구약이 저술되는데 천주교의 제2 경전이라는 것이 이때 헬라어로 저술된다.

이스라엘은 BC 63년경 로마 폼페이우스 장군에 의해 점령당하면서 로마의 식민지가 되었고, 예수가 복음을 전한 후인 기원후(AD) 50~90년경에 신약이 아람어와 헬라어로 저술된다. 이어서 AD 395년에 칼타고 공회에서 공식적으로 27권의 신약성서를 인정받게 된다.

그 후 로마가 기독교를 국교로 삼으면서 신구약성서는 라틴어로 번역이 되었다. 현재 구약 중 헬라어로 기록되었던 부분을 가톨릭에서는 제2 경전으로 구약에 포함되나, 개신교에서는 성서로 인정하지 않고 있다.

이스라엘의 역사와 신구약성서가 탄생하게 된 내력을 간략히 짚어 보았다. 그렇다면 지금부터 신구약 성경의 모태가 어디에서부터 기인하는지 그 구체적인 근거 중 일부를 언급하고자 한다.

20세기 들어 서양인들이 고대 바빌론의 메소포타미아 문명의 유적지를 발굴하다가 멈추고 그대로 덮어버린 사실이 있었다. 그곳에서 너무나도 충격적인 사실들을 발견했기 때문이다.

구약성서의 내용과 너무나 닮은 흔적들이 그 유적 속에서 쏟아져 나온 것이 그 이유였다. 한 가지 예를 들자면 구약성경에 나오는 바벨탑의 위치가 어디인지 아시는가? 지금도 그 기초형태는 조금 남아 있는데 그 위치는 이라크의 우루 지방에 위치한다.

이 바빌론 지역에서 이스라엘 민족의 선조들이 포로 생활을 하면서 살아가는 동안에 수집된 자료를 근거로 하여 구약성서가 만들어졌다는 사실이 이를 뒷받침하고 있는 것이다. 즉 바빌론의 신화와 역사를 자신들의 선조인 유다문화로 카피하고 각색한 것이다. 구약성서 중에서 모세의 출애굽기를 제외한 내용들이 여기에 해당한다고 본다.

또한, 이집트 문명의 태양신 호루스 신화 역시 소녀와 신 사이에서 출생하였으며 동방의 별빛을 따라온 3명의 왕으로부터 그가 신의 아들인 것을 확인하게 하였으며, 30세부터 갖가지 기적을 행하다가 한 제자의 배신으로 십자가에 못 박혀 죽게 되었으나, 3일 만에 부활하여 하늘나라에 오른다는 내용이다.

예수는 유대교의 교리에다가 그가 13세 이후 30세에 이르기까지 그가 태어나 자란 곳을 떠나 외지에서 그동안 자신들에게는 없던 사랑(자비)이라는 개념 하나를 익혀 예수교를 창시했다.

성서에 예수가 30세가 되기 전의 청년기에 광야에서 고행했다는 장소는 밝히지 않았다. 왜? 그는 요르단강 건너의 인접국이며 그 시기에 불교가 성행했던 아프가니스탄을 거쳐 인도에서 불교도로서의 수행을 하고 있었으니까! 예수는 30대 때 돌아와 유대교의 사랑이 없는 분노의 신을 사랑(자비)으로 바꿔 놓았다. 그 근거로 신약성서와 불교의 경전 중 하나인 법화경과는 그 내용에서 공통분모(동일맥락)를 이루고 있다는 게 우연일까? 아님, 필연일까?

°최초의 이스라엘 성전(聖殿)

구약성서 '에스겔(이즈키엘)' 제40장 1절부터 제44장 14절까지를 보면 바빌론에 잡혀간 지 25년째인 정월 14일에 하나님은 예언자의 자질을 갖춘 에스겔 앞에 나타나셔서 에스겔을 데리고 이스라엘 땅으로 가셔서 어느 높은 산 위에 내려놓으셨다. 거기에는 이미 놋쇠처럼 빛이 나는 자가 문 앞에 서 있었는데 그의 손에는 삼줄과 측량을 하는 장대(자)를 가지고 있었고, 그가 에스겔을 데리고 그 집(성전)을 안내하면서 모든 구조와 크기를 함께 재고 기록하도록 했고, 이것이 최초의 성전이니, 너는 너희 백성과 하나님을 섬길 성전을 이와 똑같이 짓도록 하라는 명령을 주신 것으로 되어 있다.

그동안, 이스라엘 백성들은 에스겔이 보았던 최초의 성전이 어디에 있는지를 이스라엘 전 지역을 뒤졌으나 그 유적을 발견하지 못했다. 1930년대에 이르러 페루에서 잉카 문명의 유산들을 조사하던 고고학자들은 우연히 에스겔서에 나와 있는 것과 단 한 가지도 틀리지 않는 돌로 지어진 성전을 페루의 아마존강 원류 지역의 하나인 안데스산맥에 속하는 코딜라 블랑카산(Cordilla Blanka Mountain) 3,200m 높이의 한 작은 분지에서 발견했다.

이곳은 페루의 리마로부터 250km 북쪽 아마존강의 상류의 마라논강의 수원지가 되는 콘추세스 계곡 위이고, BC. 900~BC. 500년 무렵에 존재했던 전 잉카(Pre-Inka) 문화가 있었던 곳에서 발견되었다. 발견 당시까지 그 건물과 설치물들은 목제였던 부분만 사라진 것을 제외하면 에스겔과 천사가 상세하게 기록한(에스겔서 40장~44장) 모양과 크기가 한 군데도 다른 데가 없었다.

결국, 에스겔이 하나님에게 이끌려서 갔던 곳인 이스라엘 땅은 지금의 이스라엘 지역이 아니라, 페루의 아마존강 원류 지역이었다.

다음은 구약성서 에스겔 40장~44장의 기록과 페루에 남아 있는 현지인들이 '차빈 데 우안타르(Chabin de Huantar)'라 부르는 건축물을 비교한 것이다.

* 높은 산 위에 세워진 정사각형의 성(실제는 직사각형)
* 성 아래 남쪽 멀리 위치한 성읍(城邑)
* 동쪽으로 난 성의 정문
* 북, 남, 동 3방향에서 들어가는 뜰
* 사방의 둘레 50m(실측결과 49.7m)
* 안뜰 네 방향으로 난 계단
* 가운데 기둥의 높이 2.29m(실측결과 2.30m)
* 내벽과 외벽에 장식된 케루빔
* 남쪽 벽 밑으로 흐르는 물
* 물은 동쪽으로 흐르며 강에 합류
* 강물 끝에 가득한 생명체
* 3층 구조의 성
* 강 끝에는 사시사철 나무가 푸르고 열매가 열림

* 70이라는 숫자를 기본 수로 지은 성전
* BC 592~570년인 에스겔의 시대와 일부 일치하는 우안타르 건설연
대(BC 800~500년으로 추정)

하나님에게 이끌려 간 에스겔은 순식간에 바빌론에서 남미의 안데스 산맥까지 순간이동했던 것이다. 이것은 실제이므로 구약성경은 사실을 적은 기록물로 보아 틀림이 없다. 그렇다면 세계사와 신앙은 새로 쓰고 달라져야만 할 것이다.

경전은 믿음으로 가는 도구이자 안내서

성경을 창세기 1장 1절부터 요한계시록 22장 21절까지 통독하다 보면 그 내용에서 수없이 많은 모순을 발견할 수 있다. 그중 가장 커다란 모순은 창세기 1장 1절이 밝히는 하나님과 신약성서 요한복음 1장 1절이 말하는 하나님은 다른 존재라는 사실이다.

또한, 같은 요한복음 1장 17절에서 하나님은 모세를 통해서는 율법을 내리셨고 예수 그리스도를 통해서는 은혜와 진리를 인간들에게 주신 것으로 되어 있다. 그렇다면 예수 탄생 이전에는 이 하나님이 지으신 세상에는 은혜도 진리도 없었고 율법(토라)만 있었다는 것이 아닌가?

그런 하나님이라면 그 하나님을 어떻게 믿고 의지하라는 말인가? 게다가 성경은 여러 곳에서 예수님은 곧 하나님이라고 줄곧 강조하는데, 이를 믿고 기준으로 삼는다면 하나님은 셋이나 되고 만다.

이러한 여러 가지 모순에도 불구하고 기독교를 인정하기는 한다. 우리 인간의 능력과 지능 한계 이상을 누군가는 만들고 운용하고 있기에 이 우주가 질서 있게 수십억 년이나 유지되고 있을 것이기 때문이다.

그 구극(究極)적 존재를 일단 하나님으로 부르는 것에 동의한다는 말이다. 그리고 성경 상의 모순들은 그 성경을 기록한 자들이 사람인만큼 여러 가지 사람다운 실수를 했다고 보는 것이다.

과학적으로 빅뱅이 우주를 만들었다고 하더라도 그러면 빅뱅은 또 누가 만들었느냐는 문제에 바로 봉착하게 된다. 따라서 성경을 문장 그 자체로 읽어서는 안 된다. 이성을 가진 존재인 인간이라면 성경 문구를 그대로 받아들일 수 없을 것이다. 그런데 그 이성도 하나님이 창조하신 것이 아닌가?

이해를 위해 최후의 심판을 예로 들겠다. 산 자와 죽은 자를 심판하러 오시는 하나님은 또 다른 하나님이신데, 그는 이 세상 끝 날에 가서야 심판을 하신단다. 그러면 인류가 발생한 때 백 년도 못 살고 죽은 사람은 이 세상이 끝나는 날까지 어디서 무엇을 하며 기다려야 하며 이 세상 끝나는 날 죽는 사람은 단 하루도 기다려 볼 수도 없지 않은가? 이런 하나님이 공정과 의와 진리를 말한다고 할 수 있을까?

인류의 역사도 현대과학으로 밝힌 것은 1만 년은 넘는다고 한다. 따라서 백 년도 못 살다 간 사람이 1만 년에다가 또 얼마나 더 걸려야 할지 모르는 최후의 심판의 날을 기다려야 한다는 말인가?

믿음이란 각각의 개인이 그의 자각에 의해, 각자의 지능과 이성에 맞는 신앙이며 어느 틀에 묶을 수는 결코 없는 정신적 활동이다. 이미 밝혔듯이 필자는 기독교가 근원적으로 말하는 진리에의 귀의도 믿고, 이슬람의 가르침도 믿고, 내가 누구냐를 끝까지 파고 들어가 모든 존재란 영속되는 하나뿐인 나와 같다고 하는 불교와 자이나교의 이상도 믿는다.

진리가 아닌 것은 믿을 수 없는 대상이다. 물론 불경도 쓰여 있는 그대로 그것을 믿는 건 아니다. 경전이란 믿음으로 가는 도구이고 안내서일 뿐이다. 그리고 안내서가 100% 맞을 확률도 그리 높지는 않다.

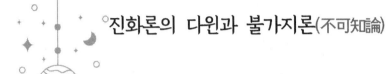

진화론의 다윈과 불가지론(不可知論)

다윈의 《종의 기원》은 자연과학 서적 중에서 인류의 가장 크게 영향을 끼친 책 중의 하나이다. 그는 신을 버리고 종의 기원을 발표하여 유럽 사회에 충격을 주었다. 다만 인류에 대하여는 신에 대한 모욕으로 생각하였기에 이 책에서는 언급하지 않았다고 한다. 그러나 다윈의 의도와 무관하게 진화론으로 인류는 신에 대한 신앙을 버리는 경우도 생겼다.

자연은 마치 의식이 있는 것처럼 가장 최적 조건을 선택하며 과정도 남기지 않은 채 진화하였다. 기독교의 신이 스스로 존재하는 것처럼, 자연선택의 신도 그렇게 존재한 것이다. 자연은 스스로 우주도, 생물도, 인간도, 또한 암수도 만들고, 자연법칙도 만들었다. 자연은 스스로 존재하듯이 종교의 신은 자연법칙의 신으로 옮아갔다.

인간의 고통은 신으로부터 허락된 것이 아니라 우연에 의해 만물이 발생하였듯이 별다른 의미가 없는 것이다. 또한, 의식이 없는 자연에 고통의 문제를 가지고 분노의 대상으로 삼을 수 없는 노릇이 아닌가!

우연의 문제라면 어쩔 수 없지만, 인격적인 신이라면 용서할 수 없었으리라. 역경을 만났을 때 고통 중에 탄식하며 하나님을 원망하는 사람과 더 간절히 구하는 사람이 있다. 욥과 요셉, 에레미야는 고통을 이겨낸 사람들인 반면, 카인과 사울과 가룟 유다는 돌아섰다.

고통 중에 신을 원망하거나 타인을 비난하는 것은 누구나 할 수 있지만, 고통을 통해 자신을 성장으로 승화시키는 것은 누구나 할 수 없는 일이다.

다윈이 기독교 신앙을 버린 것은 인본주의 시각을 가진 여러 사람처럼 기독교 복음을 믿지 않는 사람을 영원한 지옥 형벌에 처한다는 교리에 반발하면서였다. 다윈은 특히 부친의 비정통적인 종교적 믿음 때문에 더욱 강력히 분노했었다.

다윈은 조부 때부터 의사 집안이었다. 8세 때 어머니를 잃었고 의사였던 아버지는 신으로서의 예수보다 사람으로서의 예수에 무게를 둔 반삼위일체 교리에 기반하는 유니테리언 교회의 신도였다. 다윈 집안은 휘그당의 급진자유주의에 뜻을 같이하여 부유하고 자유주의가 전통인 집안이었다. 다윈도 의대를 다녔으나 의학보다는 곤충채집 같은 자연을 더 좋아했다. 아들이 성공회 신부가 되기를 바라는 아버지의 뜻에 따라 케임브리지 신학과에 입학하였지만, 식물이나 지질학 공부에 더 관심을 가졌다.

영국 문화사 속에 나타난 이 시대정신은 복음주의 기독교가 비난받고 있었다. 그는 아마도 여전히 불가지론자였을 것이다. 다윈은 1879년 자신이 느꼈던 종교적 혼란에 대해 언급했다. 비록 극도로 흔들릴 때도 그는 결코 신을 부정한다는 의미에서의 무신론자인 적은 없었다. 늙어 갈수록 물론 항상 그런 것은 아니지만 불가지론이 마음의 상태를 더욱 잘 설명할 것이다. 어떤 면에서 다윈이나 가룻 유다나 아주 악한 본성을 가진 것은 아니었다. 그럼에도 불구하고 그들의 행위는 엄청난 결과를 야기했다.

나비효과처럼 퍼져 나가 사람들의 정신세계를 정복하였다. 다윈의 진화론이나 최적자 생존론, 종의 기원론은 지성인들에게 남아 있던 정통 기독교의 마지막 자취마저 제거해 버릴 태세였다.

우주를 선한 어떤 것으로 묘사할 수 없고, 그렇다고 악한 어떤 것으로 묘사할 수도 없다. 우리가 바라보고 있는 우주에는 설계도, 목적도, 악도, 선도 없다. 이 우주 속에는 가치 없는 눈먼 무관심으로 가득 찬 세계만이 가질 수 있는 그런 속성들뿐이다.

일반적 관점에서 보면 대부분의 과학적 방법들은 신가설을 판정할 수 있는 위치에 있지 않다. 과학은 선과 악의 존재를 판정할 수는 없다.

무신론자라고 모두가 그런 것은 아니지만 일반적으로 무신론이 가져다주는 형이상학적 안락함 때문에 자신을 비판할 수 없다는 사실에서 위안을 찾는다.

다원주의의 유일한 대답은 자연선택이다. 무신론을 위한 지적 주장들은 예상하는 것보다 그 근거가 상당히 빈약하다는 사실이다. 사실상 자유주의 방식의 안락함 때문에 상당 부분 신의 존재를 불필요하게 만드는 요인이 된다.

진화론을 포함하여 무신론은 어떠한 과학에서도 결코 증명되기가 쉽지 않을 것이다. 무신론 자체가 가지는 억누를 수 없는 본성과 화려한 레토릭, 종교적 억압으로부터 해방이 되는 것이 세속적인 세계관이고 그것을 추종하는 사람들은 계속 나타나겠지만 기독교 역시 어떤 난관에도 살아남을 것이다.

예수 그리스도가 지구에 재림하는 것으로 결론이 나기 전에는 아마도 이 두 개의 세계관은 지속될 수밖에 없다고 본다. 사람들은 앞으로도 어느 한 진영에 속하거나 어정쩡한 관람자로 남아 있게 될 것이다

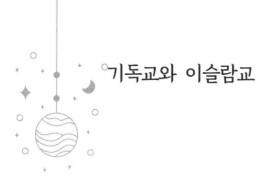

기독교와 이슬람교

종교는 사회 문제로서 가장 다루기 어려운 분야로 우리나라는 정부에서 관련 부처에 종교국도 두지 못하고 있고, 학자들도 이에 관하여는 언급하기를 꺼린다.

정교일치의 중세시대거나 종교가 정치를 마음대로 좌지우지하는 이슬람 왕국처럼 정치보다는 종교가 우위에 있는 국가가 아니면 종교문제만은 정치에서 멀리하게 되어 있기도 하다.

우리 인류의 역사를 고찰해보면, 동양에서는 영토의 확장과 다스려야 할 인구의 수를 증대시켜 일할 사람 숫자를 늘리기 위한 전쟁들이 태반이었다. 하지만 중동에서부터 서구는 종교권이 바로 정치 그 자체였기에 전쟁의 90% 이상이 종교적 분쟁으로 일어났다.

특히 그럴 수밖에 없었던 이유가, 중동에서부터 서구세계는 초기 각 민족의 미신적이거나 각각의 민족별 토속신앙에서 기독교와 이슬람이라는 양극 체제로 바뀐 것이 크다. 같은 뿌리에서 다르게 커온 두 종교 모두 유일신을 지고지선(至高至善)으로 삼았기 때문에 두 유일신 간의 전쟁이 되고 말았다. 같은 창조주를 여호와, 알라로 각각 부르면서는 자기 자신과 전쟁을 한 것이다.

서양사와 중동의 역사를 배우지 않은 이들은 지금 서구 문명이 이 세상을 거의 지배하고 있으니까, 서구가 처음부터 더 발전된 문화를 가졌던 것으로 잘못 알고 있다. 사실 서구의 문명은 이집트 문명(아프리카 문명)과 중동에서 꽃피운 이슬람 문명의 가르침에 의해 뒤늦게 발전된 문명이다.

수학과 과학에 의해서만 이뤄질 수 있는 건축과 예술 등에서도 이슬람이 유럽을 가르쳤다. 터키에 소재한 아랍인들에 의해 건축된 대사원의 돔형 지붕은 그 크기에도 불구하고 기둥 하나 없이 둥근 원형 바가지 형태를 천 년 이상 유지하고 있다. 그러나 유럽의 어느 대성당도 그런 커다란 돔형을 수학적인 계산이나 건축할 기술이 없었기에 단지 뾰족한 원뿔 모양일 따름이다.

유럽에서 가장 아름다운 건물이라는 스페인의 알함브라 궁전도 이슬람 지배시대에 무슬림 건축가가 지은 것이다. 북유럽이나 러시아로 가면 꼭대기는 뾰족하고 중간에 작은 공 하나를 넣은 형태인데 이것 역시 큰 돔을 천정으로 만들 기술이 없었기 때문이다.

이런 장광설의 설명보다는 0(Zero)이라는 숫자를 누가 유럽에 전달했는지만 알면 된다. 인도에서 만들어진 이 개념을 그들에게 전한 민족은 이슬람의 아랍인들이었다.

또한, 기독교의 아브라함이나 이슬람의 아브라함은 동일인이고, 기독교를 탄생시킨 유대인과 이슬람을 탄생시킨 아랍인은 모두 아브라함의 자손으로 형제간이다. 이슬람이 형이고 유대인이 아우이지만 배(모계)는 다르다.

기독교와 이슬람은 하나님을 부르는 이름만 다를 뿐 둘 다 모세의 하나님을 믿는 종교인데 현대에 이르기까지의 유럽에서 일어난 전쟁은 90%가 이들 형제간의 전쟁이었다.

천주교를 비롯한 광의의 기독교와 이슬람 간의 차이점으로는, 원리 면에서 기독교는 예수를 구세주이신 하나님의 아들로 보고, 이슬람은 구약성서에 나오는 많은 선지자 중 한 사람으로 인정하되 무함마드를 대표적인 선지자로 여긴다는 정도이다. 기독교는 무함마드를 구약성서에서 말한 예언자로도 보지 않고 존재 자체를 인정하지도 않는다. 그러나 이슬람은 예수를 선지자로 보고 그를 배척하지는 않고 있다.

기독교와 샤머니즘

사람들은 일반적으로 "기독교는 안 그런데 불교에는 샤머니즘적 요소가 많다"라고 생각하는 경향이 있다.

과연 그럴까? 기독교의 근본은 유대교다. 고대 이스라엘 민족이 섬기던 신이 야훼였고 제사장이 있었다. 그 제사장이라는 제도는 당시의 원시종교인 부족 종교 그대로의 행태를 지녔다.

구약시대의 제사는 번제를 통해 신에게 음식을 올리고 신의 은총을 빌었다. 부족과 부족이 전쟁을 하면 그 전쟁은 부족의 전쟁을 넘어 어떤 신이 더 강한가에 대한 증명이었다. 그러니 유대인들은 자신의 부족이 섬기는 신이 가장 강력한 신이라고 믿어야만 했다. 또한, 부족의 제사장은 곧 자신들이 믿는 신의 말을 전달하는 신의 대리인이었으며, 신의 이름을 빙자해 신탁통치를 행했다. 이런 이야기는 구약성경 전반에 걸쳐 나타난다.

또한, 신약시대로 오면 신의 영향력을 강화시키려고 성령의 강림을 주장하게 되었다. 이런 행태는 어느 신내림을 바라는 무속신앙과 성령이라는 이름만 다를 뿐 샤머니즘적 요소인 신내림과 그 인식적 기조가 같다고 볼 수 있다.

기독교의 성경 전반에 다른 신들을 인정하는 말들이 넘쳐난다. 다만 유대인들은 자신들의 신만이 가장 위대하다고 주장할 뿐이다.

그러니 어찌 기독교가 샤머니즘 종교가 아니겠는가. 지금도 여전히 성령을 받으라고 설교하며, 신의 사자라는 이름을 빌려 교회 내의 신탁 통치의 행태를 답습하고 있다는 게 엄연한 현실이다.

불교는 토속신앙을 포섭할지언정 신의 사자로서의 역할을 주장하는 건 아니다. 관념적 신에 의지하는 종교가 아니라 스스로 부처가 되는 삶이 사람을 사람답게 살게 한다는 게 불교의 본 모습이다.

예수와 소크라테스의 죽음 뒤편

신에 대한 도덕관을 장악하고 있었던 바리새인들은 갑자기 나타난 예수에게 악마의 자식이라고 공격당한다. 화난 바리새인들은 빌라도 총독을 찾아가 예수를 죽일 것을 청한다. 하지만 예수에게서 죄를 찾지 못하여 돌려보내자 바리새인들은 기어코 그를 끌고 가 죽이지 않으면 폭동을 일으키겠다고 예고한다. 당연히 예수를 석방할 것으로 예상한 빌라도는 살인자와 예수 중 한 명을 풀어주겠다고 제안한다. 그러나 이미 권력에 중독된 이들은 살인자를 풀어주라 요구하고, 빌라도는 결국 정국 안정을 위해 예수를 희생시킨다.

이때 예수를 죽인 사람들은 도덕을 장악한 모럴 파시스트였다. 이러한 주장에 동의하지 못한다면 그것은 진실이 두렵기 때문이 아니라, 믿음에 대한 의심 자체가 싫은 것이다. 사람들은 회의(懷疑)를 통해 사유하는 것이 아니라, 다른 사람의 생각을 복사한 것을 믿으면서 스스로 생각한다고 착각한다. 적어도 옛날 사람들은 자기 생각이 짧다는 자각이 있었는데, 지금은 대체로 근거 없는 확신에 가득 차 있다.

소크라테스를 죽인 사람들도 그가 아테네 사람들이 믿는 신을 모욕했다고 생각했다. 그 사람들이 믿는 것은 절대적이고, 절대적인 것은 곧 선한 것이기에 그것에 대한 의문은 악인 것이다. 즉 신이라는 도덕을 장악한 자들의 권력에 도전했기 때문에 죽인 것이다.

예수나 소크라테스가 잡혀 죽을 때 사람들은 이러한 행위를 두고 잘못됐다고 생각했을까? 아니다. 대다수가 그 사람들은 죽어 마땅한 죄를 지었다고 생각했다. 도덕을 장악한 자들이 도덕을 이용해서 죽였다는 명분이 있었다. 예를 들자면 우리 사회의 도덕에서는 명예살인이 황당하지만 그게 통용되는 사회에서는 그게 지극히 당연하다.

원래 누명이나 무고와 같은 일은 형식적으로는 완벽한 경우가 많다. 아무 이유도 없고 근거도 없이 사람을 잡아가면 당연히 반발이 있게 마련이다. 유사 국가인 북한조차도 정적을 제거할 때 타당한 명분을 앞세워 죽인다. 이러한 사회에서는 누구도 안전할 수 없다.

완벽하게 만들어진 상황에서 사람들은 아마 수천 년 전의 소크라테스를 비난했던 아테네 군중처럼, 예수에게 돌을 던진 유대인들과 같은 비난을 할 수도 있을 것이다. 하지만 세상은 순리가 지배하는 공간이다. 예수나 소크라테스를 죽이는 사회는 어떻게 됐을까? 상식과 합리가 통하지 않고 우상과 파시즘이 지배한 사회는 결국 멸망하고 말았다.

의심이 허용되지 않으면 과학도 역사도 영원히 퇴보하기 마련이다. 사회는 절대 저절로 진보하지 않고, 저절로 기술발전이 일어나지 않는다는 사실을 잊지 마시라. 내가 오늘 하루 열심히 사는 동안 지구의 다른 쪽 사람들은 뼈를 깎는 노력을 기울일 것이다. 그렇게 서로 도움을 주고받으며 이 세상이 조금씩 나아지는 것이다.

누군가를 기어코 비판하고 싶다면 최소한 사실을 제대로 파악하고 날카롭게 비판해야 한다. 단칼에 상대의 정곡을 찔러야 하지만 대부분은 비판할 줄은 모르고 비난만 한다. 그것은 마음이 어지럽기 때문이기에 반드시 자신을 먼저 다스려야 한다.

아리안족과 이슬람 그리고 카스트

인도-유럽인은 아리아인(Aryan)이라고도 불리는데 남쪽으로 이동한 사람들이 이란 고원에 자리를 잡았다. 원래 아리안이라는 명칭은 산스크리트어의 아리아에서 유래하였다. 아리아라는 말은 고귀한 또는 귀족이란 뜻으로 그들이 자칭하는 말이다. 아리안족 외에 이란족 혹은 이란계 민족이라고 불리기도 한다. 이란 이외에 쿠르드족, 파슈툰족, 타지크족 등이 이에 속한다.

아리안족은 주변의 셈족과는 다르다. 셈족이 주로 이슬람의 다수파인 수니파(Sunni)인 반면, 이란은 이슬람의 소수파인 시아파(Shia)이다. 중동 국가들은 7~8세기에 이슬람을 받아들이면서 모국어를 버리고 아랍어를 사용했지만, 이란은 모국어를 지켰다. 1935년 페르시아가 이란으로 나라 이름을 변경하였는데, 이란은 아리안의 나라라는 뜻이다.

이슬람이 수니파와 시아파로 분열된 계기는 마호메트의 사후 후계자인 칼리프 선출에 대한 대립이다. 칼리프(Caliph)가 마호메트의 핏줄과는 상관없이 무슬림들의 공동체인 움마(Ummah)의 합의로 선출되어야 한다고 주장한 쪽이 오늘날의 이슬람교도의 85~90%를 차지하는 다수파인 수니파이고, 마호메트의 후손이 칼리프가 되어야 한다고 주장한 쪽이 오늘날의 소수파인 시아파이다. 사우디아라비아, UAE, 카타르, 이집트, 예멘, 아프가니스탄, 튀니지 등이 수니파 국가이다. 같은 이슬람 국가 사이에서도 수니파와 시아파는 격렬하게 대립한다. 수니파 국가의 맹주는 사우디아라비아이고, 시아파 국가의 맹주는 이란이다.

이란에 있던 일부가 다시 인도를 침략해서 원주민인 드라비다족(Dravidian)을 점령하였다. 그러나 인도는 국토가 넓고, 전체 영토가 모두 통일된 때는 없었다. 마우리아 왕조, 굽타 왕조, 무굴 제국 등 강력한 왕조는 모두 북인도를 기반으로 하고 있었다. 따라서 북인도와 남인도는 인종, 문화, 역사 등에서 커다란 차이를 가지고 있다. 현재 인도 정부가 지정한 공식 언어(scheduled languages)만 22개이다. 유럽의 유랑민족인 집시(Gypsy)도 북서부의 펀잡 지방에서 기원한 유랑민족인데, 유럽인들이 이들이 이집트에서 기원한 것으로 오해하여 붙인 이름이다.

정복자인 인도-아리아인은 현대 힌두교의 카스트제도의 계급 중에서 제1계급인 브라만(Brahman, 사제, 인구의 약 5%), 제2계급인 크샤트리아(Kshatriya: 무사, 귀족, 인구의 약 10%), 제3계급인 바이샤(Vaisya: 농민·상인, 인구의 약 10%)가 되었다. 반면 모헨조다로(Mohenjodaro)와 하라파(Harappa) 문명을 건설하였던 원주민인 드라비다족은 피정복자였고, 현대의 수드라(Sudra: 노예, 인구의 약 50%)와 카스트에도 포함되지 못하는 불가촉천민(인구의 약 16%)이 되었다. 역사의 냉정함이다.

우리가 아는 카스트제도도 자세히 보면 더 복잡하다. 고대 카스트는 오늘날의 카스트인 자티(Jati)와 구별하기 위해서 종종 바르나(Varanā)로 언급된다. 인도인들은 자신들의 사회 체계를 바르나와 자티라는 개념으로 설명한다. 바르나는 인도어로 색깔을 의미하는데, 계급과 비슷한 성격을 가지는 집단이다. 브라만, 크샤트리아, 바이샤, 수드라가 그것인데, 원칙적으로는 여기에 속하지 않지만 접촉해서는 안 되는 불가촉천민을 포함할 수 있다.

자티(Jati)는 출생이라는 뜻으로, 동일한 업종에 종사하면서 결혼이나 음식 등을 함께하는 종족 집단을 말한다. 이는 4개 바르나 혹은 불가촉천민의 어딘가에 속해있는데, 한 마을에 20~30개가 존재하고, 인도 전체에는 2,000~3,000개에 이르는 것으로 알려져 있다.

천동설을 향한 교황청의 집착

지동설은 그 주장이 제기된 이후 440여 년의 세월이 흐른 후에야 비로소 교황청으로부터 인정을 받게 된다.

역사적으로 지동설은 코페르니쿠스가 처음으로 주장한 것으로 알려져 있으며 1530년 무렵부터 세상에 알려지기 시작했다. 그는 그 시대의 교회와 사회통념에 대한 흐름을 지켜보면서 30여 년 동안 출간을 미뤄오다가 중풍으로 전신 마비가 된 말년이 되어서야 비로소《천체와 회전에 관하여》라는 진리가 담긴 책을 펴내게 된다. 코페르니쿠스는 책을 펴내고 이내 사망하면서 종교재판이라는 단죄는 면했지만, 그의 책은 출간후 70여 년 동안 금서로 묶여 유통이 금지되고 말았다.

코페르니쿠스 지동설의 영향을 받은 대표적인 인물로 조르다노 브루노를 꼽을 수 있다. 브루노는 갈릴레이가 재판을 받은 바로 그곳에서 33년 전에 사형선고를 받은 후 화형으로 죽어간 인물이다. 브루노는 10대 중반의 나이에 노미니트 수도원에 들어가 그곳의 서적들을 섭렵하면서 코페르니쿠스의《천체와 회전에 관하여》를 접하게 된다. 그는 수도원을 나온 후 유럽을 순회하며 기존의 학설과 상반되는 이론인 천체는 공간적으로나 시간적으로나 무한한 우주며 항성(태양)과 행성(지구) 개념의 새로운 이론을 주장한 것이다. 그는《무한한 우주와 무한한 세계에 관하여》

라는 책을 출간하면서 그의 주장은 카톨릭에 대한 정면 도전이 되었다. 결국, 브루노는 재판소의 장작더미 위에서 우주는 무한하며 무한한 수의 세계가 있다고 외치면서 생을 마감하고 말았다.

브루노의 영향을 받은 갈릴레오 갈릴레이는 일흔 살의 나이로 법정에 직접 출두하여 이단의 망언을 엄단하는 종교재판관인 여러 추기경 앞에 무릎을 꿇는다. 그는 태양이 세계의 중심이기에 움직이지 않고, 지구는 세계의 중심이 아니며 움직인다는 자신의 견해를 완전히 포기하라는 명령을 받고는 1633년 6월 22일 철회 맹세를 하고 친필로 서명을 하게 된다. 하지만 선서를 마치고 나오면서 그는 하늘과 땅을 번갈아 쳐다본 뒤 발길을 옮기면서 그래도 역시 지구는 움직인다고 중얼거렸다.

기독교가 신성 재판소라는 것을 만들어 놓고 갈릴레이의 지동설과 우주의 과학적 진리를 유죄로 판결해야 하고, 진실이 아닌 천동설을 정당화한 이유는 지동설이 비성경적이고 신성모독죄에 해당한다고 보는 시각 때문이었다. 기독교의 신앙과 교리는 성경에 근거하고 있지만, 갈릴레이의 과학적 진실은 성경적 진리를 뒤흔들며 교회의 신앙체계 자체를 교란시킬 수 있는 사안이었다. 즉 지구가 성경적으로 뒷받침되는 큰 반석 위에 고정되지 못하고 텅 빈 우주 공간에서 태양 주위를 공전한다는 것이 진실이 된다면 이는 기존 공간 개념을 뒤집어 버리기 때문이다.

지동설에 입각하여 본다면 하늘은 단지 까마득한 우주 공간이지 그 위에 신의 보좌가 마련되어 있는 금빛으로 화려하게 수놓은 곳이 아니다. 왜냐하면, 우주 공간은 수많은 항성으로 이루어져 어떤 곳을 기준으로 상하좌우라는 개념 없이 무한하게 펼쳐진 영역이기 때문이다. 이렇게 규정된다면 부활한 예수가 승천하여 돌아갈 하늘이란 공간이 없어지고, 천국과 보좌 그리고 그 보좌 우편에 위치할 공간도 무의미해지고 만다. 또한, 재림 예수의 목적지인 지구는 존재하지만 그가 천사들과 함께 내려온다는 출발 지점은 없어지는 것이다.

결과적으로 예수의 부활과 승천, 그의 재림과 최후의 심판 등에 대해 증언하고 있는 성경 내용은 거짓의 기록이 될 수밖에 없게 된다. 이것이 갈릴레이의 지동설 진실이 성경 말씀의 신성함을 모독한 결정적 대목이다. 결국, 갈릴레이는 교황 앞에서 진실을 포기하는 대신 무릎을 꿇었다.

위 내용을 단도직입적으로 표현하자면 천동설은 지구를 우주의 중심으로 보고 있으며 그 지구의 중심은 당연히 로마 교황청이고 그 중심은 교황이 된다. 다시 말해 천동설은 우주의 중심인 교황이 종교는 물론 정치, 경제, 언론 등 모든 권력을 쥐고 흔드는 것을 정당화할 수 있는 이론적 배경이었다. 그 당시 교황은 지구뿐만 아니라 온 우주의 중심이라고 여겼기에 과학적이고 객관적인 사실을 외면한 채 한사코 지동설을 부정할 수밖에 없었다.

또한, 중세까지만 하더라도 교황이 내뱉는 말은 모두 무오류인 하나님의 말씀으로 인식되었기 때문이다. 그러므로 천동설이 틀렸다는 주장은 곧 하나님 말이 틀렸다는 의미이므로 어느 누구도 그 사실을 받아들일 수 없었다.

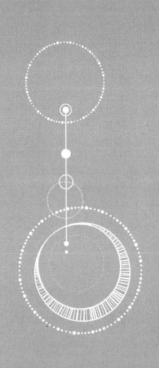

제5장

불교와 힌두교

불교는 하나의
독창적인 종교가 아니다

삼국사기에는 고구려 소수림왕 2년에 불교가 중국으로부터 들어온 것으로 적혀 있지만, 가야국(가야 또는 가락국)의 구전과 용어에 남은 흔적 및 신라 도읍의 이름과 언어상의 혼융(混融)으로 유추해 볼 경우, 대륙을 통한 전래보다 오히려 더 빠른 시기에 남방으로부터 해안을 거점으로 또 다른 전래가 있었다고 보아야 할 터인데, 기록이 없으므로 비교 언어학적 고찰에 의해서만 그 증거가 약간 남아 있다.

불교는 네팔을 포함하는 인도 북동부 지역에서 힌두사상(Hinduism)의 한 분파로 카필라국의 왕자였던 고타마 싯다르타에 의해 주창된 종교사상이다. 지금 인도의 북부지방에는 불교가 흔적도 없이 사라졌지만 불교와 모든 교리가 거의 유사하며 수행양식이 다를 뿐인 자이나교(Jainism, 배화교)는 아직도 인도에서 유지되고 있다.

불교와 자이나교의 교리는 거의 같다고 볼 수 있다. 이들 불교와 자이나교는 별도로 자생한 종교가 아니라 거대한 힌두교를 바탕으로 한 힌두이즘의 열 가지도 넘는 다른 분파 중의 하나일 따름이다. 불교도 자이나교도 그 기본은 힌두교이고 힌두이즘의 수론파가 발견한 영(Zero, Nothing)에서 힌트를 얻은 공사상이 여타의 힌두교 종파와 큰 거리를 두며 발전한 것이었다. 영(Zero)이라는 개념은 이슬람의 아랍인들이 발견한 것이 아니라 인더스 문명권의 힌두교로부터 발생(발견)되어 메소포타미아 문명권의 아랍계로 옮겨간 것이다.

재차 강조하지만, 불교나 자이나교는 독자적 종교가 아니라 힌두교의 한 분파일 따름이다. 힌두교는 종파가 많기 때문에 경전 역시 헤아리기 어려울 정도로 많지만 그 중심을 이루는 경전은 우파니샤드이다. 그 우파니샤드에도 수십 종의 다른 우파니샤드가 있고 서사시 마하브하라타 역시 수십 종의 다른 편집과 다른 내용이 있다. 우리나라에서 판각한 불교 경전만 하더라도 8만을 넘는 이질적인 경전이 많은 것은 우파니샤드 또는 마하브하라타를 불경으로 알고 섞어 버린 결과이다.

결론으로 불교는 하나의 독창적인 종교로 창시된 것이 아니라, 힌두 사상의 한 분파로서 자국 내에서는 사라지면서 외국으로 넘어가 대종교로 교세를 확장한 것이다.

불교의 원형을 찾자면 인도 남단의 스리랑카는 섬이기 때문에 애당초에 들어갔던 형태와 경전이 그대로 보존된 것이고, 다른 하나는 히말라야 고산의 안쪽지대로 인간의 삶이 척박한 곳이면서 타국과의 교류가 극히 어려웠던 티베트불교가 있다. 다만 티베트불교는 스리랑카보다 늦게 들어가면서 상당히 수정된 불교이므로 원시불교와는 다르다.

불행하게도 중국을 거쳐 들어온 한국불교는 불교 자체의 포용성으로 인하여 중국사상은 물론이고 한국의 고대 신앙들이 수없이 혼합 융화되었기에 본래의 불교는 아닌 것이다. 경전 또한 그 까다롭고 난해한 범어인 것을 중국이 사용하던 문법이라고도 할 것이 없는 유추해석이 장점인 한자로 번역되었기에 범어 또는 팔리어 원전에서 상당한 거리가 있는 상태로 남게 된 것이다.

붓다의 깨달음

　고타마 싯다르타가 붓다가 된 그때의 나이는 출가한 지 6여 년이 되던 35세 전후였다고 한다. 날짜는 음력 2월 8일 또는 4월 8일의 샛별이 반짝이던 새벽이라고 정해왔는데, 그때까지 사문이었던 고타마는 부처님이라고 존칭되었으며 깨달은 그 내용을 요약하면 다음과 같다.

　『그때, 보리수나무 아래 앉았던 싯다르타는 마음과 몸을 맑고 고요하게 다스리다가, ①모든 세속적인 욕망에서 벗어난 초선정(初禪定)에 들어가, ②맑고 편안한 2선정에 들어갔으며, ③맑고 편안하며 담담한 3선정에 들어갔으며, ④그 어떤 느낌도 느끼지 않는 4선정에 들어갔으며, ⑤더 나아가 모든 삼라만상의 근본은 공간일 뿐이라는 것을 아는 공무변처(空無邊處)에 들어갔고, ⑥삼라만상의 근본이 공간이라는 것도 내 생각일 뿐임을 확인한 식무변처(識無邊處)에 들어갔으며, ⑦그런 생각일 뿐인 생각 역시 내 생각일 뿐임을 확인한 무소유처(無所有處)에 들어갔고, ⑧그리하여 초선정 2선정 3선정 4선정 공무변처 식무변처 무소유처도 있다든가 없다고 여길 것이 아니라는 것을 확인한 비상비비상처(非想非非想處)의 경지에 들어갔으며, ⑨내 마음과 몸은 물론 모든 우주 삼라만상을 확실히 떠난 멸수상정(滅受想定)의 경지에 들어가면서, ⑩초경(初更)에는 모든 삼라만상의 전생들을 확인할 수 있는 숙명통(宿命通)을 이루었고,

⑪2경에는 모든 삼라만상의 태어남과 삶과 죽음의 원인을 확인할 수 있는 천안통(天眼通)을 이루었으며, ⑫3경에는 나 자신은 물론 모든 삼라만상의 괴로움과 그 원인을 소멸하고 열반으로 향하는 즉 부처가 되는 방법을 알아, 나고 늙고 병들어 죽는 고통에서 벗어나 영원한 삶으로 들어설 수 있는 누진통(漏盡通)을 이루었으니, ⑬이를 3명통(三明通)의 완성이라고 하니, 그리하여 붓다는 모든 삼라만상 역시 부처가 될 수 있게 할 수 있는 부처가 되었다.』

또 다른 경전에서는 고타마가 저녁 7시에서 새벽에 이르기까지 18법과 10신력과 4무소외(四無所畏)의 경지에 들었다고 하는데, 18법과 10신력의 내용을 요약하면, 부처님은 모든 우주 삼라만상의 생기고 부서짐과 태어남과 죽음이 되풀이되는 원인을 파악한 후 그 악순환을 끝낼 수 있는 해답을 찾아서 모든 존재를 영원히 행복하고도 편안한 삶으로 인도할 수 있는 능력을 갖추었음을 뜻하며, 4무소외의 경지를 요약하면, 『부처는 태어남과 죽음에서 벗어나고, 모르는 것이 없으며, 어느 중생들이나 그때그때 이해할 수 있는 가르침을 베풀고, 가르침이 진실하고 참되기에 그 누구도 두려워할 것이 없다는 뜻이다.』

부처는 깨달은 후 7일(혹은 28일 또는 49일) 동안 주위를 거닐거나 앉은 채 깨달음의 내용을 정리하며 즐거움을 누린 것이다.

초경은 하룻밤을 5경으로 나눈 첫째 부분으로 저녁 7시에서 9시 사이이고, 2경은 저녁 9시에서 11시 사이이며, 3경은 밤 11시에서 새벽 1시 사이인데, 그래서 새벽의 샛별이 반짝일 때에 부처는 깨달았다고 한 것이었다.

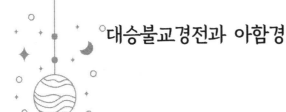

대승불교경전과 아함경

불교를 알려고 한다면 경전을 읽어 공부를 시작하되 어렵고 복잡한 팔만대장경보다는 붓다 생존 시부터 알려져 온 아함경만으로도 충분하다. 부처가 열반한 후 500여 년 전후로 기록된 반야경, 화엄경, 법화경, 유마경, 열반경, 금강경 등은 대승경전들의 교과서라고 할 수 있는 아함경의 참고 경전쯤으로 여겨 한 번씩만 읽는 것이 좋다.

초기 불교 경전들은 부처님 당시와 가장 가까운 가르침을 모은 쉽고도 완벽한 경전이라고 할 수 있다. 붓다 열반 후 200여 년 전후에 나타나기 시작했던 부파불교라든가 대승불교, 밀교들의 경전들이란 철저하게 아함경을 모체로 하여 가감을 거듭하며 발전, 또는 퇴보시키면서 변화해 온 까닭이다.

아함경이야말로 우리가 모두 우주 삼라만상의 생겨남과 없어짐, 태어나고 죽는 이유를 알게 하며 우리 모두를 다 부처님과 같은 경지로 이끌 수 있는 올곧은 가르침인 까닭이다.

하지만 부파불교와 대승불교나 밀교 등에는 정녕코 이해할 수 없는 황당한 비현실적인 내용들이 너무도 많이 뒤섞여 있는데 이는 일부 어리석은 불제자들이 아상(我相) 즉 자기 자신들을 내세우기 위해서였거나 그들이 세운 종단을 내세우기 위해서였거나, 개개인이나 집단들의 사리사욕을 채우기 위함에서였을 수도 있는데 이는 대승경전 곳곳에 유일신앙과도 같은 교리라든가 무속신앙과도 같다고 볼 수 있는 허무맹랑한 내용들이 무수히 채워져 있는 것으로 확인할 수 있다.

그렇다고 대승경전의 내용이 다 틀렸다는 뜻이 아니다. 대승경전 모두가 아함경에 기록되어 있는 부처님의 가르침을 중심으로 하고 있지만 지나친 과장과 엇나갔다고 할 수 있는 풀이를 함으로써 사람들에게 약을 주기보다 독을 주는 결과를 초래해 온 경우가 많은 까닭이다.

이 세상의 그 어떤 이들일지라도 자기 자신의 몸과 마음으로 느낄 수 있는 것은 그 전부가 각각의 참된 자기 자신이 아니라는 경구인 아함경의 제법무아(諸法無我)를 대승경전에서는 그 어떤 것도 없다는 공(空)으로 바꿔 놓은 것도 부족해 보편적인 사람들로서는 이해하기 어려워 공을 어떻게 이해해야 하면 좋으냐고 물었을 때, 무아(無我)와 공의 가르침을 잘 조합하여 이해시키기는커녕 공도 아니고 공이 아님도 아니라면서 더 어렵게 바꿔 대답하다가 그래도 계속 질문할 경우 공의 경지는 스스로 확인해야 된다는 식의 말장난 같은 대답으로 더욱 사람들을 혼란에 빠지게 하는 경우인데 붓다는 모든 것이란 항상 변하기에 그 모두가 다 각각 참된 실체가 아니기에 참된 자기가 아니라는 뜻으로서 무아라고 했다.

공이란 말은 그 어떤 초기 경전에도 기록되어 있지 않은 것으로 알고 있다. 자칭 대승불교도 중 몇몇 수행자들이 대중의 이해를 돕고자 하는 자비심에서였든, 자기 자신들이라든가 그들이 만든 종단을 내세우고자 한 아상에서였든지, 불교를 악용하여 사리사욕을 채우고자 미신화해서였던지에 대한 문제는 차치하고, 대승불교도들이 소위 대기설법(對機說法)이나 차제설법(次第說法)으로서의 방편이라는 미명 하에 불교를 더 쉽게 더 깊이 이해시키고자 갖가지 예를 덧붙여 해석하고 변화시켜 온 자체는 납득할 수 있다. 그러나 그 도가 지나쳐 혹세무민 즉 사람들로 하여금 미신에 매달리게 하여 금품 등을 착취하는 가운데 많은 선량하고 어리석은 사람들을 파멸로 이끄는 경우가 있었기에 아함경의 가르침으로 되돌아가 기도와 수행, 포교를 해야 할 것이다.

아함경을 통하여 이해를 돕고자 한다면 한문이나 인도어를 바탕으로 번역한 경전이나 서적은 길고 지루하든가 이해하기 어려울 수도 있어 자칫 곁길로 흘려버릴 수도 있으므로, 아함경을 요약하여 한글로 출판한 연구서나 책으로 공부하는 것이 좋다.

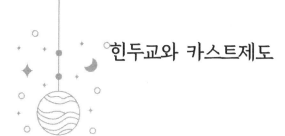

힌두교와 카스트제도

인도라는 국가의 14억 인구 중에서 90%는 힌두교도이고 인도네시아의 발리 주민 전체도 힌두교도이며 동남아 불교국가들 역시 불교와 힌두교가 혼재되었으므로 이 종교는 앞으로의 국제관계를 보아 무시할 수 없는 세력이 될 수 있을 것이다. 힌두교는 세계에서 3번째로 많은 신도를 확보하고 있는 종교로 알려져 있다.

인도 고유의 전통종교인 힌두교에 입각한 도덕과 윤리의 기초인 다르마는 각 개인에게 적용되는 용어로 사용될 때는 카르마(karma, 업, 業)라는 뜻과 밀접한 관계를 갖는다.

필자에게 힌두교와 카스트제도가 실제 인도인들의 삶에서 작동하는 방식에 상당히 안타까운 심정을 느끼고 있다. 베다 시대부터 형성되었다고 하는 카스트제도는 현대사회인 지금도 인도에서는 그 국민의 삶을 규정하는 보이지 않는 힘을 느끼게 하는 대표적인 신분제도이다.

인도 헌법은 "국가가 종교나 카스트로 시민을 차별해서는 안 된다"(15조)고 규정하고, 특히 "불가촉성(Untouchability)과 그 실행은 어떤 형태가 됐든 폐지한다"(17조)고 규정하고 있지만, 선언문에 불과한 법조문과 인도 국민들의 실생활 사이의 괴리가 상당하다.

소위 브라만, 크샤트리아, 바이샤, 수드라로 대별되는 전통의 4계급의 카스트(caste)제도는 19세기에 인도를 통치했던 영국인들이 다양한 종족으로 구성된 인도의 사회를 보고 혼란스러웠을 때, 카스트를 인도 사회에 합리적인 질서를 부여하는 구체적이고 명확한 구조로 삼았다고 한다. 하지만 카스트 하나로 인도인의 개념으로는 완전히 다른 자티(jati)와 바르나(varna)라는 두 가지 뜻을 합친 의미로 사용하는 오류를 범했다.

바르나는 기능이나 직업을 지칭하는 것으로 넓은 의미로 말해서 계급을 뜻하는 4단계 계급제도를 말한다. 반면 자티는 대체로 특정 지역사회를 지칭하는 용어지만 때로는 직업을 중심으로 하여 구별되는 특정 사회나 종교 혹은 종족이나 친족 관계로 구별되는 특정 사회를 정의하는 용어가 되기도 한다. 즉 자티를 한마디로 정의하기에는 적용 범위가 너무 광범위하다.

카스트를 설명하거나 그 유효 범위를 이해하는 데 생기는 어려움은 바르나와 자티를 하나의 개념으로 생각하기 때문에 발생한다. 이 바르나와 자티는 같은 개념이 되기도 하고 때로는 전혀 관계가 없는 별개의 용어이기도 하다. 이것을 구분하는 정확한 경계의 성격과 계급제도에서 차지하는 위치는 확실하지 않을 뿐만 아니라, 시간이 지나면서 지역에 따라서도 다양해졌다.

아웃카스트라고 하여 4계급 중에도 포함되지 않는 특정 집단인 아바르나(avarna, 불가촉천민)는 그들이 처한 사회적, 경제적으로 최하의 밑바닥에서 겪는 곤경으로 오랜 세월 동안 개혁 대상으로 거론되었다. 하지만 이들 집단 안에도 서열이 있고 그 서열은 자티에 따라 결정된다는 사실이다.

4종류의 카스트만 놓고 볼 때도 그 내부를 들여다보면 3천여 가지 이상의 직업으로 분화된다고 한다. 일례로 대를 이어 빨래만 하는 사람들은 어린아이부터 백발노인까지 대대손손 더러운 물구덩이 속에서 손과 발을 사용하여 평생 빨래를 하며 살아가는 실정이다. 이러한 삶에서 탈출구를 찾기란 여간 어려운 것이 아니다. 달리트(dalit)라는 불가촉천민은 변소나 쓰레기를 치우고 하수구를 청소하면서 생계를 이어나가는데, 만인이 혐오하는 동물 사체나 오물들을 처리하는 게 이들의 몫이라고 한다.

힌두교 교리에 의하면 이들 달리트는 그들의 존재 자체가 더러움의 상징이기에 길을 가다가도 상위 카스트가 지나가는 길에 방해가 되거나 길에 침을 뱉으면 이들 상위 카스트의 영혼을 오염시키는 범죄행위로 취급받는다고 한다. 이 같은 불가촉천민의 숫자가 무려 2억 명을 넘는단다.

이제 카스트제도는 폐지된 것으로 알고 있지만 지금도 인도에서는 힌두이즘의 종교이념과 문화가 사회문화적 체계로 유지되는 상황이기 때문에 여전히 신분의 구분이 상존되고 있는 실상이다. 통상적으로 인도인의 삶에 결정적 영향력을 미치고 이를 행사하는 힌두교와 카스트제도는 불가분리적인 관계이다. 즉 카스트를 부정하면 힌두교도일 수 없으며 촌락공동체의 경우에는 더욱 그러하다.

인도를 두고 영혼과 정신의 고향이며 깨달음의 성지라면서 천박한 물질문명인 서양문명의 대안이라고 치켜세우는 의견에는 동의하지 않는다. 이러한 신힌두이즘(neo-Hinduism)은 서양 사회가 오리엔탈리즘(Orientalism)이라는 왜곡된 시각으로 타자화하는 가운데 인도를 영혼과 구원의 나라로 포장해 부풀린 산물이기 때문이다.

철학자 쇼펜하우어가 인도를 찬양한 경우도 매우 부실한 정보 지식에 기초한다고 본다. 그는 그의 작품《의지와 표상으로서의 세계(Die Welt als Wille und Vorstellun)》에서 산스크리트어로 쓰인 상고시대의 베다 프라나 등의 경전을 두고 위대함과 통찰에 대하여 침이 마르도록 미화시켰었다. 힌두교를 삶의 출구로까지 여겼던 쇼펜하우어였지만 정작 그는 인도인들의 삶의 실상에 대해서는 전혀 몰랐다고 한다. 그의 인도 상찬은 서양의 지식인들로 하여금 목가적인 관점으로 인도를 바라보게 만드는 출발점이 되었다고 본다.

인도 헌법에서는 불가촉천민과 관련하여 그 관례를 형사상의 범죄로 규정했고 카스트제도나 종교적 신조 그리고 성별에 따른 차별을 불법으로 명시하고 있다. 동시에 지정 카스트와 지정 부족민에게는 보호법을 적용하여 교육기관과 공공기관의 채용인원 중 일정 비율을 그들에게 할당했다. 이러한 규정으로 인도에서 경제적 부문에서는 자티나 바르나 사이에 아무런 거리낌이나 불이익이 없게 되었다. 하지만 사회적인 관계의 현실에는 여전히 카스트라는 신분의 계층이 남아 있다.

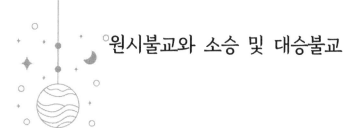

원시불교와 소승 및 대승불교

2,600여 년 전후의 원시불교 시대 부처님의 가르침은 간단하여 많은 사람이 쉽게 이해하고 실천하며 성불할 수 있었다. 붓다의 열반 이후 근본불교 시대로부터 부파불교 시대, 소승불교 시대까지의 불교는 특정한 사람들만을 위한 어렵고도 복잡한 종교가 되어왔다.

그러나 붓다가 열반한 뒤의 근본불교 시대부터 소승불교 시대까지를 이기적인 불교라 하여 거부하면서 나타난 대승불교 시대부터 밀교 시대까지 티베트와 중국 등을 거쳐 한국과 일본으로 전해지면서 각국의 언어가 다름으로 경전의 내용이 변질되었고 또는 번역자 개인의 생각을 덧붙였다거나 각국의 토속신앙들과 뒤섞여 더더욱 이해하기 어려우면서도 다신적인 종교가 되었으므로, 어렵기는커녕 조금도 미신적이지 않던 불교가 어렵고도 미신적인 불교로 변질하였다.

그런 쉬움에서 어려움으로, 미신 아님에서 미신으로 변화되는 과정은 대승불교 시대로부터 시작된 크게 여섯 종의 불교 교단을 따라 살펴볼 수 있다.

중관종은 인도의 '나가르주나'와 '제바'가 무아(無我) 즉, 공(空)은 없다는 의미가 아니라 모든 현상이 인연에 따라 모였다가 인연에 따라 흩어지므로 그 실체는 텅 비었다는 뜻으로 해석하였기에 중관학이라고 했다.

또한, 모든 존재가 끊임없이 나고 죽음이란 공을 바탕으로 되풀이되니 공이요, 모든 사물이 생기고 사라짐의 무상을 관찰하는 마음 역시 텅 비었으니 공성(空性)이다.

그 어떤 상대일지라도 상대하되 상대함이 아니라고 부정하는 공의 의미는 말이나 글로서는 설명할 수가 없으나 현재의 나와 세계를 부정하고 부정함을 거듭하다가 더 이상 부정할 수 없는 상태에 이르게 되면 공의 경지에 이르게 되어 스스로 그 진리를 이해할 수 있다고 하였다.

유식종 역시 인도의 '바수반두'에 의해 설명되었는데 유식종에서는 모든 현상을 모든 존재는 항상 변한다는 뜻인 편계소집성(遍計所執性), 서로 의존하여 생긴다는 뜻인 의타기성(依他起性), 항상 되풀이된다는 뜻인 원성실성(圓成實性)으로 보고 그런 현상을 삼성이라고 했는데, 삼성이란 참된 상대란 없다는 뜻인 상무자성(相無自性)과 참된 나도 없다는 뜻인 생무자성(生無自性)과 완전함도 없다는 뜻인 승의무자성(勝義無自性)을 합쳐 삼무성이라고 한다.

그러함이란 중생들의 근원은 본래 청정했었는데 탐욕과 분노와 어리석음을 일으켜 중생계의 헛된 삶을 사는 것이므로 본래의 청정한 성품으로 되돌려 성불할 수 있다는 것이며, 이 사상은 모든 대승경전의 바탕이 된다.

밀교종에서 부처는 각종 의식이나 주술을 배격하였는데 대승불교들이 힌두교 등 민간신앙을 끌어들이면서 나타난 것이 밀교이다. 우주 삼라만상 모두가 양성 즉 음양으로 이루어지고 사라진다고 주장하면서 여성과 남성의 교접을 통한 절정의 순간도 성불할 수 있는 수행의 방편이라고 여겼다.

그런 이해하기 어려운 쾌락적인 방법을 통하여 성불하려던 밀교적인 자세는 사람들의 거부감으로 인하여 쇠퇴의 길로 향했으며 그런 밀교는 티베트로 넘어가 티베트의 원시 신앙이었던 라마교와 뒤섞였는데 그것이 현재 티베트의 불교다.

천태종은 중국 수나라 때의 '지의'에 의해 법화경의 내용이 설명되었는데 그들은 모든 현상을 항상 변하므로 공(空), 의존하여 일어나는 일시적인 현상임에 가(假), 한쪽으로 치우치지 않음으로 중(中)이라고 본 후 이 3가지가 막힘없이 어울린다는 뜻인 삼체원융(三諦圓融)이라 결론지어 삼라만상이 한 생각 속에 갖추어져 있다는 일념삼천(一念三千)이라고 하며 '공, 가, 중'을 하나로 체득한 일심삼관(一心三觀)을 넘어서야 성불할 수 있다고 하였다.

화엄종은 중국 당나라의 두순과 지엄, 현수에 의해 화엄경의 내용이 설명되었는데 화엄종의 부처님인 비로자나불을 우주 삼라만상 그 자체라고 여겨 비로자나불과 석가모니부처님을 하나로 보고 문수보살과 보현보살 등등의 많은 보살이 부처의 세계를 나타낸다고 여겨 그 가르침을 이해하고 실천하여 성불할 수 있다고 하였다.

정토종은 법장이라는 구도자가 중생을 구하겠다는 마흔여덟 가지의 원을 세워 수행한 다음 아미타부처가 되어 극락정토를 만들었다고 한다. 그런 아미타불 즉 아미타부처님의 가피력으로 이생은 물론 죽음 이후에는 극락세계로 갈 수 있다는 희망을 품도록 하고 성불하게 하는 데 목적을 둔다. 대승불교의 상당수가 인도의 힌두교 등 전파되는 각 나라의 토속신앙과 뒤섞임으로 자칫 미신적인 상태에 빠질 우려가 크다고 할 수 있다. 이 정토종의 교리야말로 특히 의타적이고도 맹신적인 상태에 빠질 수 있으므로 교리를 잘 분석하고 이해하여 실천할 것은 실천하고 버릴 것은 버리는 가운데 자신을 돌보아야 할 것이다.

연기(緣起) 현상과 12연기

두 단의 갈대 묶음이 있을 때 그 갈대 묶음은 서로 의지하게 해야 세울 수 있다. 그 세워진 두 묶음 중 한 묶음을 떼어 내면 두 묶음 다 서 있을 수 없다. 이것이 있으므로 저것이 있고, 이것이 없으면 저것도 없으며, 저것이 있으면 이것이 있고, 저것이 없음이면 이것도 없다는 뜻과 같다.

그러므로 연기는 세상사 즉 우주와 은하계는 물론 태양계와 지구, 달과 지구를 구성하는 원자에서부터 분자, 분자에서 세포, 세포에서부터 동식물들과 사람들 등 갖가지 생명체들이나 존재들은 물론 사람끼리도 서로 의지해서 생겨나고 없어지며, 태어나고 죽는다는 뜻이다.

우주가 생겨난 연기현상인 '대폭발'과, 은하계가 생겨난 '제2 열역학', 태양계와 지구 등등의 '인력과 자전과 공전', 그리고 지구와 달의 자연현상 중 하나인 밀물과 썰물, 그리고 그 밀물과 썰물 사이에서 생겨난 모든 생명체나 존재들이 생겨나고 없어지며, 태어나고 죽음이 모두 연기하면서 변화하고 진화해 온 결과인데, 예를 들면 사람이 사람을 낳기 위해서는 남자와 여자가 서로 연기, 즉 관계해야 하는 등, 삶을 살기 위해서는 세상의 그 어느 것들과도 의지해야 함이 연기다.

살기 위해서는 많은 것이 필요하겠지만, 특히 먹을거리만 위해서도

우리는 많은 이들과 모든 것의 도움을 주고받으며 연기해야 한다. 우리
는 일상적으로 그저 그렇게 먹을거리를 챙기지만, 차려진 밥상을 앞에
두고 잠시만이라도 생각해 보면 밥상 위의 밥 한 그릇만 하더라도 과연
얼마나 많은 이로부터 도움을 받고 있는가를 절실하게 느낄 수 있을 것
이다.

아무리 대수롭잖게 보이는 한 그릇의 밥일지라도 그 밥을 먹기까지는
하늘과 땅, 태양과 달, 바다와 산, 숲과 강과 논밭 등의 자연환경 등에
의지해야 하고, 농부나 어부들 등에게 의지해야 하며, 그런 것들을 가공
하는 사람들에게 의지해야 하고, 옮기고 팔고 사들이며 운반하는 사람들
등에게 의지해야 하며, 요리하는 사람들에게 의지해야 하고, 그릇이나
식탁을 만든 사람들 등 요리를 하는 과정에 필요한 도구들을 만들고 팔
며 옮기는 등등, 이루 헤아릴 수 없을 정도로 많다.

그 과정에 있어서 사람들이나 것들 중 어느 한 가지라도 빠질 경우 목
숨까지도 이어갈 수 없음에, 모든 생물이든 무생물이든 간에 서로를 상
대하여 싫든 좋든 서로 의지해야 한다. 심지어 그런 삶 속에서 상대를
먹거나 먹힌다든가, 상대를 죽이거나 죽임을 당하는 경우까지도 연기현
상으로서의 진리이다.

그래서 우리는 식사를 하거나 물건을 사용하기 전에, 그 대상이 사람
이나 동식물이나 물건이나 아니, 저 모든 대자연의 갖가지 조건과 것들
이 다 나를 위해 의식주 및 생활필수품이 되어준, 또는 되게 해준 것들
에까지 감사해야 한다.

특히 먹고 사용하는 대상들이나 것들이 그 어떤 이나 것들이건 간에
다 살아있는 존재들이기에, 먹는 과정 등을 거쳐 나와 한 몸이 되어, 더
나은 삶을 살 수 있음을 감사히 여겨야 하며, 그 모든 대상이나 것들이

나의 몸과 함께하다가 나의 몸을 거쳐 지나감으로 나보다 먼저 열반의 경지로 향하기를 바란다든가, 아니면 나와 한 몸으로 살다가 이 세계를 떠날 때 함께 열반의 경지로 향하자는 마음이어야 불자다운 자세라고 본다.

연기는 과거와 지금과 내일 속에서 서로 의존하여 일어나는 현상으로서 모든 삶의 바탕인데, 이 상태에서는 서로가 주관이면서도 객관이며, 객관이면서도 주관으로서, 다만 순간순간의 어우러짐 속에 연속되는 현상이라고 이해하되, 그러나 나라는 주체를 잊어서는 안 되며, 상대 역시 상대로서의 주체라는 것을 명심하여 서로 존경하고 사랑하면서 함께 부처가 되어야 한다.

그러므로 옳은 자비심을 바탕으로 한 연기적인 관계로서 서로를 위하면 함께 영원히 행복하고 편안하며 자유로운 경지로 향할 것이요, 자비심을 바탕으로 하지 않는 연기적인 관계로서 서로를 해치면 영원히 불행하고 고통스러우며 부자유스러운 삶이어서 세세생생 고통뿐인 윤회계를 벗어나지 못할 것이다.

우주의 모든 존재가 생기고 부서지며, 태어나고 죽는 것은 연기로 시작되어 열두 가지 단계로 끝내면서 되풀이됨이니 이를 12연기라고도 한다.

그런 12연기는 무명(無明)으로 시작되어 행(行)과 식(識), 명색(名色)과 육처(六處), 촉(觸)과 수(受), 애(愛)와 취(取), 유(有)의 과정을 거치면서 갖가지 종류의 생로병사를 거듭한다는 뜻이다.

즉, 12연기란 ① 무명인 어리석음으로 인하여 ② 행인 다만 살려고 하는 맹목적인 욕심을 가지게 되고, ③ 세상 안팎에 대해 알고자 하는 식을 만들고, ④ 세상 안팎의 것들에 대한 이름과 모습인 명색을 만들고,

⑤ 눈, 귀, 코, 입, 몸과 마음인 육처를 만들고, ⑥ 느낌인 촉을 만들고, ⑦ 좋고 나쁨에 대한 분별인 수를 만들며, ⑧ 좋은 것들에 대한 애착인 애를 만들고, ⑨ 좋은 것들만 가지려는 취를 만들며, ⑩ 좋은 것들만 가지고 보존하려는 유를 만들면서, ⑪ 노병사인 늙고 병들어 죽는 12연기의 1순환이 끝나지만, ⑫ 죽어 구천을 떠돌다가 또 다시 갖가지 생명체로 태어나고, 늙고, 병들어 죽는 윤회를 끝없이 되풀이하는 것이 중생들의 삶인 12연기의 되풀이다.

우주가 생겨난 138억여 년 전의 대폭발로부터 은하, 항성, 태양계, 지구 등 각종 생명체들이나 어떠한 것들이 차례로 생기고 사라졌으며 사라질 되풀이를 12연기의 1순환이라고 할 수 있고 은하들이 생기고 없어지는 과정이라든가, 각종 항성계라든가, 태양계, 지구 등등 작은 먼지 한 점은 물론 원자들이라든가 미립자들까지도 생기고 없어지는 과정 역시 그 각각의 개별적인 12연기의 1순환이라고 할 수 있으며, 이를 시간에 적용하면, 영원함이 12연기의 1순환이요, 천 년, 백 년, 일 년, 한 달, 하루, 한 시간, 10분이라든가 1초도 그 각각이 다 12연기의 1순환인 것이다.

그러므로 1일 24시간을 12연기의 1순환으로 이해하자면 아침에 일어남이 12연기의 시작이요, 낮의 움직임이 12연기의 과정이며, 저녁에 잠들고 아침에 일어나기 전까지가 12연기의 1순환인 것이다.

전생과 현생과 내생을, 자궁 속의 난자와 정자가 몸과 마음으로 구성되어 사람으로 출생하기까지를, 태어나서 살다가 죽는 그 순간까지의 등등을 그 각각이 모두 12연기의 1순환이라고 볼 수 있는데, 사람의 삶이 시작되는 그 순간부터 죽을 때까지의 과정을 살펴 12연기의 1순환을 다시 한번 더 확인해보겠다. ① 사람이 죽어 다시 태어나기 전의 어리석은 상태가 무명의 시기이고, ② 삶에 대한 맹목적인 욕구에 이끌려 자궁 속의 난자와 정자가 착상할 때의 뛰어들기까지가 행의 시기이며, ③ 자궁에 자리를 잡은 후 자궁 속의 환경과 입장에 대해 헤아리는 시기가 식의 시기이고, ④ 난자와 정자의 세포분열이 시작되면서 하나의 살덩어리가 되는 상태가 이름과 모습을 갖추어가는 명색의 시기이며, ⑤ 눈, 귀, 코, 입, 몸과 마음이 갖추어지는 상태가 6처의 시기이고, ⑥ 출생 후 안팎의 접촉으로 느낌을 느끼는 2세 전후가 촉의 시기이며, ⑦ 감수성이 예민한 4세 전후에서 15세 전후가 수의 시기이고, ⑧ 성욕이 강한 16세 전후가 애의 시기이며, ⑨ 16세 전후 욕심이 왕성해져서 갖가지 것들을 갖고자 하는 시기가 취의 시기이고, ⑩ 그 후 세상의 온갖 가질 수 있는 것들을 갖는 시기가 유의 시기이며, ⑪ 늙고 병들어 죽음으로 향하는 시기가 노병사의 시기이고, ⑫ 죽은 후 다시 어리석은 상태로 들어가는 것이 무명의 시기인데, 그런 갖가지 이름과 모습으로 바꿔가며 살아가는 12연기의 되풀이는 시작도 끝도 없다고 하여 무시무종이라고도 한다.

그러므로 위와 같은 진리를 통해, 어리석음으로 시작하여 어리석음으로 끝나는 덧없는 세상살이임에도 불구하고 더 살고자, 더 갖고자, 더 가지려, 더 살고자 한다는 것은 끝없이 이어지는 고통일 뿐이라는 것을 깨닫고 그리하여 이 세상에서의 삶이란 영원한 삶으로 진화하기 위한 과정인 것을 명심하여 적당히 가지고 적당히 베풀며 함께 영원히 행복하고 자유로운 삶을 준비해야 하는 것이다.

불교와 공(空)

팔만대장경을 보관하고 있는 해인사 장경각 입구의 좌우에는 아래와 같은 내용의 주련이 걸려 있다.

圓覺道場何處(원각도장하처)	원각(큰 깨우침)의 도량이 어디던가?
現今生死卽是(현금생사즉시)	지금 그대가 서 있는 바로 그 자리다.

우리가 부대끼며 살아가는 이 자리, 이 순간을 외면하고 애써서 그 무엇을 구하려 한다면 모두가 환(幻)이며 몽(夢)이 될 것이다. 원각도량이란 붓다가 깨달음을 성취한 곳이나, 깨달음 그 자체를 이르는 말이다.

이 주련은 8만4천여 경전을 한마디로 요약한 말씀으로 삼았을 것으로 여겨진다. 그래서 살아있는 이 사실이 곧 원각도량이라고 한 것이리라.

지금 현재의 이 사실을 떠나서 달리 깨달음을 찾는다면 그것은 어리석은 짓이다. 종교뿐만 아니라 우리들 삶 속에서 바로 이 자리를 떠나 따로 존재하는 것은 무의미하다. 그렇기 때문에 지금 이 자리에서 최선을 다해 최대한 살아가야 한다.

사실 불교의 출발점은 "나(자아, Atman)라는 것이 무엇이냐?"에 있다고 본다. 또한, 불교를 단 한 글자로 표현한다면 필자는 공(空)이라고 말하고 싶다. 하지만 결정적으로 잘못된 단초 또한 한자 번역인 공에 있다고 본다.

이 공이라는 표기는 기존의 도가에서 사용하는 무(無)라는 글자와 유사한 개념이다. 한자표기의 공은 인도 범어(산스크리트어)의 원어로 알파벳 표기를 빌리자면 슌야타(Śūnyatā)이다.

팔만의 대장경이든 팔천만의 대장경이든 오직 불교가 밝히려는 궁극은 단 한 글자는 공에 지나지 않는다.

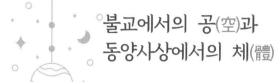

불교에서의 공(空)과 동양사상에서의 체(體)

서구의 사고와 고대 희랍에서 추구하려던 체는 유럽에 예수교의 전파로 말미암아 철학적 사유는 끊어지고, 본질을 전지전능한 절대자(Das Absolute)인 하나님(God)으로 정립함으로써, 우리 인간의 이성과 지능이 본질인 본체가 무엇인지를 생각하는 것을 이단으로 배격하게 됨으로써 18세기에 이르기까지는 체를 탐구하는 연구와 노력은 자취를 감추고 말았다.

그러나 절대자 없이 사상적 자유가 구현될 수 있었던 동양(인도, 중국, 한국, 일본)에서는 사상적으로 백가쟁명의 시대가 중국에서는 진시황의 분서갱유에도 불구하고 이어져 나왔고, 인도에서는 절반은 절대자인 시바신을 선한 존재이면서도 동시에 악신으로도 상정함으로써 불교와 자이나교 같은 별도의 체를 탐구하도록 했다.

여기서 체의 현대적 의미를 먼저 설정해야만 체를 탐구한 고대 사상을 이해할 수 있을 것이다. '체(體)'란 쉽게 말하자면, 본체, 근원, 기본적 존재, 영원무궁한 불멸의 존재를 의미한다.

동양사상에서의 본체를 인도에서의 불교와 자이나교에서는 슌야타(Śūnyatā)로 보았고, 중국에서는 막연한 도(道, 타오, Tao)로 보았다. 슌야타를 한역(漢譯)하면 공(空)이고, 이를 풀자면 지극히 아름답고 분화되지 않는 영속체라고 표현할 수 있겠다.

동양사상에서의 슌야타와 타오의 해설을 가장 적확하게 명시한 해설을 시도한 이는 신라의 원효였고 그는 슌야타와 타오를 하나로 보았다. 그의 저서인 《대승기신론별기(大乘起信論別記)》에 언급하기도 했다.

본체, 실체, 구극적 실존이란 불교에서는 색수상행식이 일어나기 전의 완전한 상태의 것으로 종국에는 공일 수밖에 없다. 그러면 그 '공'이란 무엇인가를 따지지 않고는 진실(진리)을 터득했다고 말할 수는 없다. 이를 깨달아야만 "내가 누구이며 어디서 와서 어디로 가는가"를 꿰뚫어 불성을 찾아 깨달은 각자(覺者, Bodhi Satva)가 되는 것이다.

여기서 원효는 삶과 죽음은 하나일 뿐이라는 것을 깨달았다. 이러한 돌연적인 깨달음을 불교에서는 돈오돈수(頓悟頓修)라 이른다. 깨달은 원효는 당나라에 구도행각을 해야 할 이유가 없어 되돌아섰고 의상은 계획대로 당나라에 가서 불법을 배워 큰스님으로 귀국하였다. 의상처럼 단계를 거쳐 배우고 익혀 차츰 깨닫는 행위를 불교에서는 돈오점수(頓悟漸修)라 한다.

원효의 중심사상인 《대승기신론별기(大乘起信論別記)》에서의 체(體)

고려 시대에는 불교를 국교로 채택하였고 팔만대장경을 판각하는 불사를 시행하였으나, 불교를 사상적으로 연구하고 펴낸 사상가는 나오지 않았다고 본다.

조선 시대에는 유교의 주자학이 아닌 모든 학문에 대하여 소위 사문난적(邪文亂賊)이라고 하면서 배척한 탓에 퇴계 이황이나 율곡 이이의 저술들도 주자학 해설의 범주를 온전히 벗어나지 못하는 것으로 볼 수밖에 없어 독립된 사상체계를 개척한 저술을 발견할 수가 없다.

신라의 원효는 6두품으로 성골 출신의 의상과는 달리 비교적 자유로운 신분이었다. 그래서 명분을 추구하기보다는 수행 자체의 목적으로 의상과 함께 당나라로 구도의 길을 향했다. 달도 없는 한밤중에 목이 말라 손에 잡히는 바가지의 물을 시원하게 들이켜고 단잠을 잔 후에 깨어 보니 지난밤에 시원하게 마셨던 생명수의 실체가 해골바가지에 담긴 물이었다.

이 짧은 과정에서 원효는 무엇인가를 이미 깨달았기 때문에 구도의 길을 포기하고 독학의 길을 택했다. 이를테면 석가모니 부처와 같은 행각으로 교조적 불교가 아닌 자신만의 깨달음을 지녔으니 그것 자체로도 하나의 위대한 사상가였다고 볼 수 있다. 따라서 그의 주장은 기존의 불교 경전에 나와 있는 것이 아니었다.

원효는 불경을 떠나 자신 스스로가 깨달은 것(悟道, 오도송)을 설법하고 다녔는데 일반인과 신도들의 납득을 돕기 위해 오도송 두 가지를 언급했다.

心生則 種種法生 心滅則 龕墳不二 (심생즉 종종법생 심멸즉 감분불이)	마음이 한 생각을 일으키면 일체의 모든 것이 다 생겨나고, 한 마음을 거두니 법당과 무덤이 둘이 아니네.
三界唯心 萬法唯識 心外無法 胡用別求 (삼계유심 만법유식 심외무법 호용별구)	삼계는 마음에서 비롯되고 만법은 앎에서 비롯되나 마음 이외에는 없는데 어찌 따로 구하랴.

원효는 그의 저서인 《대승기신론별기(大乘起信論別記)》에서 그의 사상적 정수(精髓)인 체(體)에 대하여 다음과 같이 밝혀놓았다.

其體也(기체야)	그 체라고 하는 것은
曠兮 其若大虛而無私焉 (광혜 기약대허이무사언)	너무나도 밝고 넓구나! 마치 광대한 빔(빈 곳) 같아서, 거기에는 나도 너도 그 무엇도 없다.
蕩兮 其若巨海而有至公焉 (탕혜 기약거해이유지공언)	너무나도 싹 쓸어버린 상태로구나! 마치 커다란 바다와도 같아, 지극히 평준함이 있을 뿐이로세.
有至公故 動靜隨成 (유지공고 동정수성)	지극한 공평함인 고로, 움직임과 고요함이 서로 따라 이뤄지는 것일 뿐.

無其私故 染淨斯融 (무기사고 염정사융)	나도 너도 아무것도 없는 고로, 더러움과 정갈함은 서로 녹아 섞여 하나가 되고
染淨融故 眞俗平等 (염정융고 진속평등)	더러움과 정갈함이 섞여 하나가 되는 고로, 참과 거짓이 공평하게 같아지고 만다.
動靜成故 昇降參差 (동정성고 승강참차)	움직임이나 고요함이 서로 따라 일어나는 고로, 오르고 내림도 서로의 차이에 뒤섞일 따름이다.
昇降差故 感應路通 (승강차고 감응로통)	오르고 내림이 뒤섞임인 고로, 느낌과 응대의 길은 뚫린다.
眞俗等故 思議路絕 (진속등고 사의로절)	참과 거짓이 같은 것인 고로, 생각하는 것과 판단하는 것의 길은 끊긴다.
思議絕故 體之者 乘影響而無方 (사의절고 체지자 승영향이무방)	생각과 판단이 끊이는 고로, 본체라는 것은 그림자와 메아리에 올라타더라도 갈 곳은 없다. * 影響(영향): 홀로그램을 의미.
感應通故 祈之者 超名相而有歸 (감응통고 사지자 초명상이유귀)	느낌과 응대가 서로 뚫린 고로, 무엇을 바란다는 것은 명예나 지위를 초월했으니 돌아갈 곳 있으랴? * 超名相(초명상): 명예나 지위를 초월했으니 둘 다 헛것이라는 뜻.
所乘影響 非形非說 (소승영향 비형비설)	그림자와 메아리에 탔다고 하는 것은 모양새도 아니고 얘깃거리도 아니다.
旣超名相 何超何歸 (기초명상 하초하귀)	이미 명예나 지위를 초월했는데 또 무엇을 더 초월하고 어디로 돌아갈 곳 있으랴!
是謂(시위)	이를 말로 표현한다면
無理之至理 不然至大然也 (무리지지리 불연지대연야)	이치 없음의 지극한 이치이고 그러하지 아니함의 큰 그러함이니라.

원효의 《대승기신론별기(大乘起信論別記)》의 체에 관한 부분을 우리말로 옮기기는 했지만, 너무 고차원의 실체이기에 읽는 것만으로는 뜻의 전달이 어려울 수도 있다. 원효의 체(體)와 공(空)에 대한 해석은 도리어 더 어려워진 것 같다. 위의 문장이 뜻하는 바를 제대로 알려면 자세한 해설이 있어야 할 것으로 보여 추후 다시 언급하려고 한다.

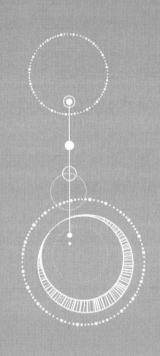

제6장

우리나라의 종교관

우리나라 종교의 현실

　우리 한반도에는 삼국시대 때 불교가 들어오기 전까지는 종교가 없었다. 다만 현실 세계의 길흉을 기원하는 기복신앙과 점술만이 존재했을 뿐이다. 어떤 이는 단군 이래의 국가관에 홍익인간이라는 이념이 있지 않으냐고 하겠지만, 이는 종교가 아니라 살고 있는 사람들의 삶의 목표를 설정했다는 의미에 지나지 않는다. 종교란 죽음과 내세에 대한 믿음을 포괄하는 개념을 토대로 한 신앙이라 할 수 있다.

　주역으로도 불리는 역경(易經)은 황하 문명에서 발생하여 미래를 예측하는 도구로 쓰였지만 5천 년 동안의 역사에서 단 한 번도 인간의 죽음과 내세에 대하여 논한 적은 없었다.

　정통종교인 불교와 기독교가 전래되기 전까지는 종교가 없었고 종교가 무엇이며 그 역할이 무엇인지를 몰랐다. 또한, 우리나라에 유입된 기존의 불교와 기독교지만 이 땅에서는 하나같이 변질되고 왜곡되어 드러나고 있는 것이 현실이다.

　중세 유럽에서는 교황이 국가권력을 장악하고, 국가의 부를 종교의 소유로 만들기 위하여 전쟁도 불사했고 인간을 원죄의 덩어리로 규정하여 면죄부로 그 죄 사함을 받도록 강요하기도 했는데, 한국에 들어온 기독교는 그 방법을 달리하여 예수 이후의 기독교 교리가 아닌 유대인의 전통교리인 십일조 명목으로 신도들로부터 금전을 모으는 수단으로 삼고 있으며, 사랑의 전파와 영혼의 구원은 아랑곳없이 교회당을 식당과 찻집으로 만들고 있다.

불교 또한 화려하게 사원을 확장하여 세우고 승려들의 호화로운 생활보장 말고는 천도제 등 제사 지내는 일이 제일 중요한 과업이 되고 말았다. 불교 교리에서 몸과 마음이 실체가 없어 허깨비와 같다는 오온개공(五蘊皆空)이라 했는데 제사는 무슨 제사라는 말인가!?

눈을 제대로 뜨고 관찰하고 분석해 보라! 우리나라의 어느 종교가 진정으로 사람들의 영적 생활의 향상과 사후세계에 대한 안심입명을 설파하고, 영혼의 구원에 손을 내밀고 있는가?

현실참여와 기복신앙 등으로 인해 우리나라에는 올바르고 진정한 종교가 없다. 종교를 빙자한 장사꾼들만 헤아리기도 어려울 만큼 득실거리고 있을 뿐이다. 돈을 모으는 방법으로는 예나 지금이나 권력과 짜거나, 권력을 장악하는 것이 가장 손쉽기에 종교인이라는 자들이 정치에 몰두하고 있는 것이다. 이들은 종교가 무엇인지를, 그리고 종교의 목적이 무엇인지에 대해서는 조그만큼도 관심이 없는 돈 모으기 전문가들에 지나지 않는다.

우리나라 정치에서 종교인들의 발호를 막지 못한다면 유럽 중세시기의 암흑과 같은 세상으로 되돌아갈 수밖에 없다고 본다. 참고로 우리나라는 정부 부처의 조직에 종교를 담당하는 부서조차 없는 실정이다. 과연 그 누가 고양이 목에 방울을 달 것인가!?

샤머니즘과 고등종교 등 다양한 신관(神觀)

　인도인 14억의 90%는 힌두교도이고 인도네시아의 발리섬 주민 전체도 힌두교도이며 동남아 불교국가들 역시 불교와 힌두교가 혼재되었음으로 이 종교도 앞으로의 국제관계를 보아 무시할 수 없는 세력이 될 수 있을 것이다.

　불교 도래 이전의 고대 한국사상은 거의 샤머니즘과 사람에게 중요한 모든 것에 대해 신을 인정하는 생태적 믿음이 있었고 이 작용으로 불교도 사찰에 산신각이 세워져 예배의 대상이 됐다. 부엌에는 조왕신 등등 무속적 신앙과 고조선이라는 나라를 개창한 단군까지 신으로 섬겼다. 이러한 다양한 신관(神觀)은 민족의 정신 바탕에 잠재하여 지금껏 아기를 잉태하면 기독교인이든 불교도이건 삼신을 찾는다. 불교는 인과 연에 의한 열두 가지 인연에 의해 생(生, 삶)이란 윤회일 뿐이고, 기독교는 유일신인 Das Absolute 뿐임에도, 그들 종교의 교리와 배치되는 신들을 찾아 기복 행위를 하고 있다.

　이들 이외에 종교적 색채가 약간 있는 중국으로부터 유래한 도교와 유교가 있으나 이들은 엄밀한 의미에서는 종교가 아니라 조상승배의 변형이다. 유교는 단순한 조상승배와 제사가 중심을 이루지만 도교는 이 유교 사상에 인간이 신선이 되는 꿈이 덧붙여져 있는 것으로 보면 되고 이 둘은 그 근원이 주역(周易)인데 후대에 이르면서 도교는 노자의 서물(書物)을 도덕경, 장자의 내편을 남화경이라고 하여 경전으로 삼았다.

황하 문명권의 기본 모토가 되어온 역경(易經, 주역)을 두고 우리나라의 김항이라는 사람은 나름으로 연구하여 천지개벽을 해야 한다는 의미에서 기울어진 지축을 곧추세워 바로 잡았을 때의 길흉과 우주의 운행을 새롭게 시도하는 이른바 정역(正易) 이론을 만들어 하층 기저부로부터 상향식 믿음으로 바꾸는 시도를 했다.

정역이란 지축이 똑바로 섰을 경우의 이상향을 꿈꾼 것이지 실재로의 존재할 수 없다. 그럼에도 불구하고 삶의 질곡에 빠져 있던 상하 모두가 이 정역의 신선함과 희망에 들뜨게 되어 재래의 모든 신앙은 물론이고 무속까지도 이 정역을 받아들이고 말았다.

정역 이후의 한국의 신흥종교가 어떻게 바뀌었고 새로 들어오는 외래 종교를 어떻게 받아들이도록 만들었는지를 반드시 밝혀야만 오늘의 종교를 이해할 수 있다고 본다.

한국인에게 종교란

　종교란 죽음과 내세에 대한 믿음을 포괄하는 개념이다. 역경의 발상지인 중국에서는 주역을 근거로 한 종교는 생성된 적이 없었다. 그런데 이 주역을 두고 한반도에서는 19세기 후반에 일부 김항이라는 사람이 주역의 8괘를 조금 수정하여 정역(正易)이라고 하는 주장을 남긴 이후 이를 근거로 하여 증산도, 대종교, 원불교, 대순진리회 등등의 갈피조차 잡을 수 없는 수많은 신흥 유사종교들이 생겨난 이후로 국민들의 심성을 여러 갈래로 분열시켜 놓고 있다.

　원래 이 땅에는 종교가 없었고 종교가 무엇이며, 그 역할이 무엇인지를 잘 몰랐기 때문이라고 본다. 이러한 환경으로 인하여 정통종교인 기독교와 불교에서도 그 영향이 드러나고 있는 것이다. 전통적인 종교를 포함한 그 어떤 종교이든지 우리나라에만 들어오면 그 원리가 왜곡된다는 사실이다. 또한, 종교를 빙자한 장사꾼들만 헤아리기도 어려울 만큼 득실거리고 있을 뿐이다. 돈을 모으는 방법으로는 예나 지금이나 권력과 짜거나, 권력을 장악하는 것이 가장 손쉽기에 종교인들도 정치에 몰두하고 있는 것이다.

　종교가 될 수 없는 것을 가지고 종교화하는 데 우리나라 사람들만 한 천재들은 이 지구상에는 존재하지 않는다고 말해도 될 정도이다.

우리나라의 많은 사람은 공자와 맹자가 설파한 정치사상을 종교로 오인하여 유교(儒敎)를 종교의 일종으로 여기기도 한다. 그러나 이 유교란 '선비들의 가르침'이라는 뜻일 따름일 뿐 종교는 아니다.

창시자로 보아야 할 공자 자신에게 내세를 묻는 제자에게 "이 세상을 사는 것도 모르는데 내세를 알아 무얼 하겠느냐?"고 대답했기에 그의 교훈은 오직 살고 있는 사람들의 생활 규범과 정치적 도의에 한정되므로 종교로 판별할 도리가 없는 것이다.

다 같은 공맹의 사상을 가지고도 중국에서는 정치적 규율로써 후세에도 주돈이의 성리학으로 발전은 했으나 종교화하지는 않았다. 이것이 우리나라에 들어와서는 정치를 하는 계층 즉 유생들과 유림들이 자신의 권위보강을 위해 도리 가운데서 제례 부분을 특히 강조하여 조상숭배를 제1위에 두어 반종교화시켰을 뿐으로 보아야 한다. 말하자면 하나의 통치수단이었다.

다시 강조한다면 죽음과 내세에 대한 신념이 결여된 사상은 종교는 아니다. 종교란 영혼의 구원방법을 그것이 옳든 그르든 포괄하는 개념이다. 또 하나, 노자와 장자의 무위자연 사상을 신선사고와 결합하여 이른바 도교로 통칭하고는 있으나 이 역시 자연과 내가 하나라고 하는 데까지는 이르렀으나, '나'라는 인간의 존재를 육신과 영혼으로 구별조차 하지 못했기에 종교의 범주에는 넣을 수 없다고 아니할 수 없다.

유교와 도교가 발생된 본거지에서는 유가 도가로 다른 사고를 펼친 백가(百家)들과 같은 하나의 학문적 집단으로만 2,000여 년의 세월을 끊이지 않고 전승되어온 사상을 우리 한반도에서는 그러한 사고를 하는 사람조차 없었기에, 유교, 도교로 종교화하고 말았던 것이다.

지금 한반도의 북쪽은 공산주의를 도입한 지 70여 년이 되었는데 그

것이 공산주의 사상으로 존재하는 것이 아니라, 김일성교로 변질되어 버렸다고 볼 수밖에 없다.

기독교인들이 하나님을 아버지로 삼는 것과 북한 사람들이 김일성을 어버이 수령님으로 부르는 것은 일종의 종교불모지 주민들의 귀속본능으로 보아야 한다. 진정한 종교는 영혼의 구원에 그 근본 목적이 있기 때문에 어느 특정 인물을 절대로 신격화할 수가 없는 것이다.

종교를 종교로 신앙하는 국민이 되어야 한다. 종교 아닌 것을 종교로 삼는 것이야말로 인간의 자유를 말살하는 첩경인 것이다.

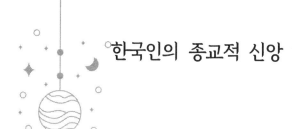

한국인의 종교적 신앙

우리나라 사람들은 합리적인 현실감각을 잃는 것을 도리어 신앙이라고 하고, 그들이 믿는다는 것이 우리의 전통적 사고와의 융합임도 모르고 정통성을 주장하면서 참 기독교, 참 불교를 말하면 그것을 이단이라 치부하고 있다.

기독교(천주교 포함)는 '하나님은 사랑이시라'라는 기치를 내걸고 있다. 그들이 신약성서만 믿고 구약성서는 성서가 아니라고 한다면 그 기치는 옳다고 본다. 그러나 구약성서도 성서로 믿는다면 거짓을 말하는 것이다. 구약성서의 하나님은 진노(瞋怒)의 하나님이시지 사랑의 하나님이 아니기 때문이다. 그렇기에 유대교는 기독교가 아닌 것이다. 구약성서의 하나님이 사랑의 하나님이시라면 유대교와 기독교는 분리 불가능한 하나의 종교가 된다.

불교에 있어서 본다면, 원래의 불교에는 극락과 지옥이라는 개념은 존재하지 않는다. 깨침이 붓다(Buddha)이고 그 깨침은 오온개공(五蘊皆空)인데 어디에 극락과 지옥이 있을 수 있는가?

불교의 유일한 진리는 반야파라밀다(般若波羅密多, PrajnaParamita)로 반야(Prajna, 지혜)를 실천하고 실행하는 것일 따름이다. 따라서 우리나라 사람들의 종교적 신앙은 대개는 물이 얼어버린 상태와 같다고 본다.

물이란 얼 수도 있지만 증기로 증발할 수도 있는 성질을 지녔는데도 한국인들의 종교만은 금강석처럼 단단하게 얼어버린 물이다. 어느 종교든지 한국인들에게 전달되기만 하면 금강석처럼 단단한 얼음으로 변한다. 이토록 얼음으로 바뀌는 이유가 어디에 있는지를 밝혀야만 이 질병을 고칠 수 있을 것으로 본다.

중국에서 수십 세기에 걸쳐 형성된 주역(周易, 역경)이 우주의 변화와 순환을 풀어낸 해설서임을 도외시하고 오로지 사람과 사회의 미래를 점치는 수단으로 고정관념화된 측면이 있다. 이러한 역경을 두고 19세기에 어떤 한 사람이 아무리 보아도 주역의 이론적 근거로 우리 지구가 비틀어진 자전축을 바탕으로 하고 있다는 생각에서 그 축을 바로 잡았을 때 나타날 현상을 상정하고 거기에 몰입하여 정역(正易)이론을 만들게 되었다. 기존의 선후천 8괘를 부분적으로 수정하여 변형시킨 이론을 주장하면서 있을 수 없는 불가능을 가능으로 위장해 냈고 이를 두고 천지개벽 사상으로 어필한 결과 그 이후로는 기존에 뿌리내리고 있었던 종교이건 새로이 들어온 종교이건 간에 이 정역의 천지개벽에 의한 새 희망이라는 잡탕의 비빔밥이 우후죽순으로 생겨났다.

23.5도 기울어진 지구의 자전축이 똑바로 서는 일은 과학적으로 일어날 수도 없는 불가능한 사안이다. 지구의 축이 비틀어져 있는 그대로의 진실로 연역된 주역을 축이 바르게 선 상태로 착각한 종교들이 참이 될 수는 결단코 없는 것이다.

이토록 없는 것을 있다고 믿으면, 그 결과는 있는 것을 없다고 하게 되는 것과 같다.

빼앗긴 이름 하나님

우리는 보통 예수님의 아버지이자 우주를 창조한 조물주를 하나님으로 알고 있다. 이 '하나님'이라는 호칭이 실제로는 기독교가 이 땅에 들어오기 훨씬 이전인 고대부터 우리 선조들이 써왔던 말이다.

우리나라의 기독교 역사는 최초로 세례를 받아 천주교인이 된 이승훈(1784년)과 개신교 선교사 알렌이 입국하여(1884년) 활동한 것이 그 시초다. 그런데, 그보다 200여 년 전에 쓰인 한글 시에 '하나님'이라는 호칭이 사용된 것을 보면, 기독교가 이 땅에 들어오기 훨씬 이전부터 '하나님'을 믿는 신앙이 있었다는 것을 의미한다.

반면 영어 성경을 보면 어디에도 하나님 또는 하느님이란 단어가 없다. 그러면 기독교인들은 언제 어떻게 우리가 써왔던 하나님이라는 호칭을 사용하게 된 것일까?

1992년 11월 11일 어떤 사람이 천주교와 기독교를 상대로 법원에 고소장을 제출한다. 그의 주장은 '원래 하나님이란 명칭은 한민족의 것인데, 그동안 기독교에서 허락도 없이 로열티도 내지 않고 무단으로 써왔기 때문에 보상금으로 1억을 내라'고 재판을 신청한 것이다. 죄목은 '하나님 도용죄'였다.

『대한민족은 하나님 사상이 투철하므로 이를 수용하기 위해 예수 그리스도의 아버지인 야훼(여호와)를 하느님으로 부르기로 성경 공동 번역위원회에서 결의하였다.」이 결의문과 관련된 배경을 알아보자.

성경을 한글로 번역하기 위해 1887년 선교사 5명(언더우드, 아펜젤러, 알렌, 스크랜튼, 헤론)은 성서번역위원회를 발족했다. 당시 야훼(여호와)를 어떻게 번역할 것인지, 용어선택을 놓고 상당한 논쟁이 오갔다. 번역회는 1894년에 신의 명칭을 표결에 부쳤고 투표 결과 천주(天主) 4표, 하나님 1표가 되어서 천주(天主)로 결정되는 듯했다.

그러나, 절대다수의 서양 선교사들은 다른 용어와 비교할 수 없을 만큼 선교 활동에 효과적인 '하나님' 호칭을 사용할 것을 강력하게 요구했다. 그 이유는 조선인들이 오래전부터 하늘의 절대자를 하나님, 하느님으로 부르며 공경하고 써왔기 때문이다.

선교사들이 남긴 기록을 살펴보면, "기독교가 한국에 들어오기 이전 수천 년 전부터 우주의 최고 통치자로 하나님을 숭배해 오고 있었다. 한국의 고유한 신인 하나님은 기독교의 신인 여호와(야훼)의 속성과 일지한다."라고 하였다.

한국인들의 신앙 가장 높은 자리에는 중국인들의 상제에 해당하는 하나님이 있고, 한국 사람들은 부처보다 더 높은 신으로 하나님을 숭배하고 있다. 즉, 한국인들은 하나님을 모든 신의 황제로서 섬기고 있었던 것이다.

기포드가 1899년에 쓴 《Every Day Life in Korea》에 보면 "한국인들은 최고의 신으로 하느님을 널리 믿고 있다. 때문에 기독교의 신인 여호와를 한국인들이 오랫동안 숭배하여 왔던 하나님으로 번역하면 전도하는 것이 아주 쉬울 것이다"라고 나온다.

또한, 게일이 1900년에 쓴 《Korea Ideas of God》의 기록에 의하면

"기독교의 신에 대한 한글 번역에서 복잡하고 치열한 논쟁 끝에 하나님이 채택되었고 더 이상 천주(天主)는 사용되지 않았다"라고 적혀 있다.

이후 기독교는 우리 민족의 정서 깊은 곳에 자리하고 있던 하느님 신앙을 타고 빠른 속도로 번져나가기 시작한다. 그 결과로 오늘날 우리가 하느님 또는 하나님을 기독교의 신인 여호와로 인식하게 되었다. 하나님이 기독교의 야훼신을 부르는 용어가 되어 버린 것이다. 이것은 단순한 문제가 아니다. 하나님이란 말을 기독교에서 가져가면서 우리는 호칭만이 아니라 하나님 문화를 잃어버렸다.

고려대 사회심리학과 허태균 교수는 이렇게 말한다. "내재된 가치가 없다면 눈에 쉽게 보이는 외적 가치에 치우치기 쉽습니다. 중산층 기준을 보면 한국은 물질적 가치를 중시하고 반면에 외국은 정신적 가치를 중시합니다. 이것은 근대의 불행한 역사를 겪는 과정에서 우리가 지녔던 가치가 손실되었기 때문입니다. 그걸 볼 수 있는 게 종교 비율입니다. 안정된 사회를 가면 그 사회를 지배하는 지배 종교가 있습니다. 반면 우리나라는 다양한 종교를 선택할 수 있습니다. 이것은 모태 종교가 없어진 시점이 존재한다는 겁니다. 그 사회가 가지고 있는 지배종교가 없다는 것은 지배가치가 없다는 것입니다. 모든 가치는 일반적으로 종교에서 형성되는 경우가 많은데, 지배 종교의 부재는 우리 사회의 다수가 같이 공유하는 가치가 없다는 것입니다."

오늘날의 한국인은 내적인 것보다 외적인 것에 공을 들인다. 이것은 우리들이 가지고 있던 가치를 잃어버렸기 때문은 아닐까? 100여 년 전 우리가 잃어버렸던 하나님 문화는 우리를 하나로 묶는 가장 중요한 정신적 가치였다.

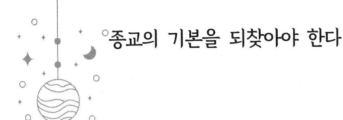

종교의 기본을 되찾아야 한다

우리나라에 존재하는 종교는 국제적으로 보편화된 고등종교들뿐 아니라, 우리나라에서만 자생된 유사종교들을 모두 포함하여, 종교의 기본이 무엇인지를 되찾아 나서야만 할 시기에 이르렀다는 것만은 부인할 수 없는 상황이다.

유대인과 사막을 본래의 근거지로 살아가는 아랍계의 시조인 아브라함의 자손들의 역사서 시편 잠언집 인물편 신화 등의 총결산을 한데 묶은 책을 구약성서라고 하는 것들은 동양에서 사서삼경을 하니의 책으로 묶은 것과 대등한 것이다.

동양에도 춘추라는 역사서가 있고, 시경이라는 시서가 있고, 예경이라는 잠언집이 있으며, 구약성경이라는 책에 있는 예언집은 주역이라는 역경으로 있다. 이는 문명의 형태가 동서양을 막론하고 발전양식에서 서로 비슷했다는 것일 따름이다.

구약성서에 '아가'가 있다면 동양고전에는 악(樂)이 경전화되어 예악(禮樂)으로 묶여 있다. 무엇이 다른지를 한번 찾아보라. 기독교는 예수 이후여야 하고, 불교는 힌두사상에서 이탈한 석가모니 이후라야 하며, 이슬람은 무함마드 이후인 것이다. 특히 우리나라에 들어온 이방인들의 종교는 그 창시자인 예수, 무함마드, 석가모니의 근원적 교설에 따라 그 교리와 신앙관이 다시 정립되어야만 한다. 이들은 속세의 정치를 논하지 않았다. 인류의 구원이란 현실생존이 아니라 영혼의 문제이다.

정역 사상에 근거한 우리나라의 자생종교들은 그 뿌리에서 벗어나야 한다고 본다. 소위 23.5도 기울어진 지구의 자전축이 바로 섰을 때를 상정하여 기존의 주역 팔괘를 뒤집어 놓은 것을 정역이라고 한다. 물리학적으로 볼 때 지구 자전축이 직립하면 지구 내핵의 마그마가 대폭발하여 지각 자체가 뒤집히면서 이 지구상의 모든 생명체가 완전히 사라진다고 하는데 그때 무슨 종교가 필요하겠는가? 인류가 사라진 상태에서 누가 무슨 개벽을 하겠다는 것인지 도무지 답이 없다.

역경(易經)의 이론과 원리를 벗어난, 가능성이라고는 털끝만큼도 없는 황당무계한 정역을 기반으로 한 있을 수도 없는 주장과 종교 사상은 현실도피 등 우리의 올바른 삶을 추구함에 있어 그다지 도움이 되지 못한다는 사실을 깨달아야 한다. 우리는 종교를 바로 잡아야 국민정신이 바로 설 수 있고 국민정신이 바르지 않으면 퇴보의 길로 가는 것을 바로잡을 수 없게 된다. 종교는 현상이 아니라 그 근본의 그릇됨을 바로 잡아야 하는 입장에 서 있는 것이다.

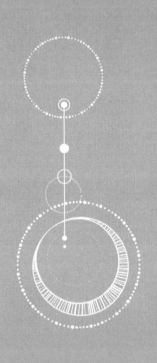

제7장

———

현실의 종교

정역(正易) 사상과 신흥종교

　흔히 주역(周易)이라고 불리는 사서삼경 중의 하나인 역경(易經)이 있다. 역경은 우주 만상이 끊임없이 변화를 지속하고 있음을 관찰하고 그 변화의 의미를 이해하고 다음에 올 변화를 예측하는 방편을 기술하고 해설한 경전으로 일설에 의하면 황제 헌원 시대 때부터 내려왔다는 책이다. 즉 역사의 시작점으로서의 황제 시대부터 공자와 그 후학들에 이르기까지 동양인들의 지혜가 하나로 묶인 경전인 것이다.

　황제 시대에 기틀이 잡혀 2천 년 동안 길흉을 알아보는 점서(占書)에서 춘추전국시대에 십익이 완성됨으로써 주역은 우주론의 성격을 완벽하게 갖추게 되었다. 이 역경은 우주의 삼라만상이 있는 그대로 변화해가는 대로, 변화할 모티브를 캐고 밝힌 지혜서다.

　조선 후기인 18세기에 일부 김항(一夫 金恒)이 이 주역의 팔괘를 부분적으로 수정하여 이른바 정역(正易)이라고 명명한 저술이 있다. 이 정역은 김일부가 지축이 기울어져 있어 사계절이 생성되고 그 사계절이 1년을 이루게 됨을 기초하여 성립된 주역을 그 지축의 기울기가 똑바로 잡혔을 경우 기존의 팔괘 역시 수정이 불가피하다는 전제하에서 지축을 바로 세울 때의 팔괘로 변화를 다르게 정의하고 해석한 이론이다.

　자연현상과 과학적 사실로는 지축이 곧추서는 것은 불가능하며, 만일 지축이 수직으로 직립한다고 가정한다면 다음과 같은 결과물을 예상할 수 있다. 지구의 자전과 공전 및 그 궤도가 달라질 것이고 그 영향으로 지구 중심에 액상 상태로 있는 내핵의 무게 균형이 깨지면서 지구는 지진과 함께 지각이 대폭발할 수밖에 없다. 그렇게 되면 지구상의 인류를 포함한 모든 생명체는 멸절을 면할 수밖에 없게 될 것이고 이러한 현상을 외면 또는 도외시한 무지와 몰과학적인 공상에 의한 산물이 정역으로 우리나라에만 있는 이론이다.

최근에 NASA의 과학자들과 지질학자들이 밝혀낸 바로는 지구 중심에 있는 내핵의 액상 형태인 중금속은 지구의 자전 속도가 몇 mili-second(1/100초) 단위로 늦어지거나 빨라져도 거대지진이 발생하여 지각이 완전히 파괴된다는 확증을 얻고, 2018년에는 단지 지구의 자전 속도가 몇 milisecond 늦어질 경향을 보이기 때문에 거대지진이 발생할 가능성이 있다는 예측을 발표한 바 있다.

김일부는 지구의 자전축을 바로잡으면 그것이 곧 천지개벽이라고 주장하고는 그 바로잡힌 뒤에 일어날 현상을 상정하고《정역(正易, 지구 자전축을 바로 잡은 뒤의 변화)》이라는 책을 내놓았다. 이는 한마디로 현실이 아닌 실현 불가능한 것으로 우주를 바라보는 억지를 부린 것이었다. 정역은 있지 않은 것을 있는 것으로 가정한 후에 그때의 세상을 구현해 보자는 엉뚱한 욕심이었다.

지구의 지축을 바로 잡는다는 달콤한 유혹은 주역을 점을 치고 행운을 부르는 술수로 알던 우리 민족에게 현실을 부정하고 망상 속에 살아가는 인간들을 양산하고 말았다. 그리하여 백백교를 위시하여 증산도, 천도교, 원불교, 대종교, 대순진리회 등등 수많은 신생 종교단체들이 나라를 뒤덮게 하고 말았던 것이다. 기독교도 그 일부에서 통일교 박태선교 순복음교 신천지교 등 한국만의 별난 기독교 집단이 생겨났다. 없는 것을 있는 것으로 만들면 그 결과는 있는 것을 없다고 하도록 만들게 된다.

열 개의 천간과 열두 개의 지지가 있어 때(時, 시)를 바꿈으로써 그 결과로 한 해(년도)가 성립이 된다. 10개와 12개를 짝맞추다 보면 60번이 지나야 다시 첫 번째 짝맞춤으로 돌아온다. 이를 60갑자라고 부른다. 이것이 우리가 살고 있는 현재가 어떻게 변하고 있는지를 알려주는 시간의 경과를 말하고 있다. 그런데 10과 12가 아니고 지축이 기울어지지 않고 바르다면 천간과 지지는 10대 10이 되고, 이 경우 이들을 짜 맞추어 보았자 그냥 10으로 고착되고 만다. 즉 변화가 사라지면서 존재 자체가 상실된다는 의미이다.

김일부가 주창한 정역으로는 천간과 지지의 수가 같아지기에 이 세상 모든 것은 변화하지 않고 고착되게 된다는 의미이다. 변화가 없는 것은 죽어버린 것이고 살아있는 모든 것은 변화이다. 살고 있다는 그 자체가 변화인데 이 변화를 하지 않는 것으로 고착시키면 생명은 없게 되고 만다. 혹여 이 우주에서 변화하지 않는 것을 봤거나 아는 것이 있는가?

돌덩어리는 변하지 않는 것으로 우리는 가끔 오인할 때가 있지만 돌덩어리는 변화의 속도가 느릴 뿐 굳게 뭉쳐진 단단한 것이 흙으로 변하는 과정에 있다. 과학적으로 분석하면 가장 부드러운 공기나 가장 단단한 다이아몬드도 모두 분자-원자-양자-끈으로 이루어진 것이고 이 끈 자체가 항상 움직이고 변화하는 진동성 즉 파동 그 자체이다.

변화나 움직임이 없다면, 한 번만 지상천국을 이루어 놓으면 영원히 천국이 된다는 생각을 퍼뜨려 우리 인간들이 삶의 질곡을 벗어나고자 온갖 종교현상이 나타나게 되었다. 그렇게 되면 우리 인류도 변화가 없기에 살아남을 수 없다는 것을 망각한 상태에서 영원한 행복을 누리게 된다는 어리석은 주장인 것이다. 이 주장의 대표적인 것으로는 동학이었고 농사를 지어도 수탈에 시달리던 사고력이 부족한 농민들에게는 구원으로 여겨지게 된 것이다. 그리고 학문을 어느 정도 안다는 자들은 이때다 싶어 증산도를 비롯한 원불교 천도교 대종교 등 이루 헤아릴 수 없을 만큼 많은 종교의 백가쟁명 시대를 열었다.

근래에는 하나님의 대리인이 이 세상에 있고 위계질서의 표본인 천주교에도 이 정역 사상을 모토로 하는 '정의구현 사제단'이라는 단체까지 생겨 신의 창조론마저 부정하는 사태에 이르렀다. 이 단체는 자신들이 신의 창조를 부정하지 않는다고 할지 모르겠지만 정역 사상은 인간이 우주의 원리를 바꾸는 창조주가 되는 것임으로 결과론적으로는 신을 부정하게 되고 마는 것이다.

황제 시대에 기틀을 잡아 2천 년 동안 길흉을 알아보는 점서(占書)에서 춘추전국 시대에 십익이 완성됨으로써 역은 우주론의 성격을 완벽하게 갖추었다. 공자가 이성적이라는 것은 논어에서 "인간의 사후에 대해 현재의 삶도 다 모르는데 사후의 일을 어찌 알 것이냐?(敢問死 曰 未知生 焉 知死, 감문사 왈 미지생 언지사)"고 한 것으로 그가 실증론적 합리주의자였음을 알 수 있다.

따라서 주역은 알 수 없는 미래를 점치는 서물(書物)이 아님을 알아야 한다. 이러한 주역을 잘못된 이론이라는 가정하에 가능성이라곤 털끝만치도 없는 지축을 바로잡고 천간지지를 불변으로 만드는 황당무계한 김일부의 정역을 기반으로 하는, 없는 것을 있는 것으로 믿는 모든 주장과 종교사상은 현실도피의 추구로 우리의 삶과는 하등의 연관성을 갖지 못한다고 본다.

사람이건 짐승이건 태어나면서부터 서로 건강상태며 성숙도, 감성,

IQ와 DNA 등 모든 것이 다르다. 그럼에도 불구하고 인간은 평등하다고 하여 누구든지 똑같은 소유를 갖고 균등한 삶을 누려야 한다는 불가능을 가능으로 억지로 만들려는 공산주의와 김일부의 정역 사상은 그 궤를 같이한다고 볼 수 있다. 인간의 평등은 인간들이 필요에 의해 정한 법 앞에서 같은 적용을 받는다는 것이지 인간 자체로 모두 다 똑같다는 것은 아니다.

인간의 손바닥에 그려진 지문은 그 면적으로 따지면 겨우 몇 평방센티미터에 불과하지만, 그 형태는 수십억 명이 제각기 다르다. 즉 같으면 안 되고 같을 수 없는 이 명백한 사실을 부인하는 것이 정역 사상이다.

있을 수도 없고 만일 있게 된다면 우리 지구 자체가 멸망으로 직행할 전제를 신앙의 대상으로 만들어 놓은 정역 사상은 그 근본이 소위 천지개벽이라는 허구에 근거하고 오류에 기초하는 것이다.

주역이 생겨난 중국에는 3천 년을 훌쩍 넘기는 기간 동안 이 선후천의 8괘를 수성한 이론이나 사상이 왜 나오시 않은 것일까? 그들은 있을 수 없는 불가능을 불가능으로 아는 지혜가 있었기 때문이라고 본다. 조금만 생각해 봐도 알 수 있는 진실을 생각 없이 따르려는 사람들이 이 나라에 있어서는 안 된다. 즉 정역 사상을 기본으로 하는 모든 종교사상은 있을 수 없는 헛것을 믿자는 것일 따름이다.

로고스와 도(道)와 말(言)

신약성서 요한복음 1장 1절에는 "태초에 말씀이 계시니라 이 말씀이 하나님과 함께 계셨으니 이 말씀은 곧 하나님이시라" 2절에는 "그가 태초에 하나님과 함께 계셨고" 3절에는 "만물이 그로 말미암아 지은 바 되었으니 지은 것이 하나도 그가 없이는 된 것이 없느니라"라고 되어 있다. 이 말씀으로 번역된 희랍어 원어는 로고스(Logos)이다.

노자는 도덕경 제25장에 "하늘과 땅이 생기기 전 모든 것이 섞여 있었으나 소리도 없고 형체도 없이 홀로 서서 변치 않으니, 두루 행하면서 위태하지 않으므로 세상의 근원이라 할 만한데 그 이름을 알지 못하니 도라고 하겠다(有物混成, 先天地生, 寂兮寥兮, 獨立不改, 周行而不殆, 可以爲天下母, 吾不知其名, 字之曰道)"라고 길게 설명했다.

한편, 장주의 장자 제물론에서 "무릇 도에는 한계가 없고 말에는 정해진 내용이 없어 다툼이 생긴다(夫道未始有封, 言未始有常, 爲是而有畛)"라고 했다.

위 셋을 보면 모두 한결같이 같은 말을 하고 있다. 한자(漢字)의 도(道)는 길이라는 뜻으로도 쓰이지만 말(言)이라는 의미이다.

예수 그리스도의 말씀에 근거했다는 신약성서의 성립연대는 서기 300년대 무렵이고, 노자는 기원전 600년경이며 장자는 기원전 100년경이다. 크게 보면 거의 비슷한 시기에 이들은 같은 말들로 창조를 말하고 있는 것이다.

중동의 이스라엘과 동양의 중국이 당시에 서로 교통하여 의사 교환을 했다는 증거는 그 어디에도 없다. 실은 그보다는 몇백 년 더 앞선 시기에 인도의 힌두교(Hinduism)에서는 석가모니라는 인물이 나와 유(有)와 무(無)에 대한 명백한 판단을 인류에게 제공했다.

석가모니는 창조에 대해 말하지 않았으나 그 창조란 존재 그 자체라는 진단을 했고, 모든 존재란 바로 '나'에 지나지 않는 것일 뿐이라고 역설했던 것이다. 그러니 제발 종교를 가지고 내 종교가 옳다느니 네 종교는 틀렸다느니 다투지들 말기 바란다.

현대 물리학은 우주의 기원과 물질, 암흑물질, 암흑에너지가 무엇인지를 과학적 측면에서 찾고 있다. 즉 이미 우주의 구성물질을 알아낸 것이다. 물질은 양자이론에 의하면 길이가 10의 마이너스 33승(0.0 다음에 0이 32개 더 붙음) 센티미터인 클랑그 길이의 끈(string)이라고 결론 내리고 있다. 그리고 물질마다 모양이나 성질이 다른 것은 그 끈의 진동(흔들림)의 차이 때문이라고 한다. 다만, 그 흔들림은 왜 생기며 원인이 무엇인지는 찾고 있는 중이다.

동양의 과학이 아닌 사상에서는 그 흔들림은 음과 양의 운동으로 보고 있다. 과학(물리학)이 더 찾아내야 할 것은 암흑물질, 암흑에너지의 실체와 우주에 퍼져 있는 이유이다.

과학을 배제한 종교는 지금의 21세기에 와서는 그 가치를 상실했다. 물질을 과학이 수식으로 표현하고 실험 가능하면 종교는 과학을 받아들여야 한다.

우리는 물질 없이는 존재할 수 없기 때문이다.

히브리어와 희랍어

기독교가 신약과 함께 같은 성서라고 하는 구약은 분명히 히브리어 (Hebrew)로 쓰여 있으며, 예수의 시대에는 그 유대를 로마제국이 점령 통치하고 있었기에 공용어는 로마 문자(Latin)였다.

유대인들의 문자는 히브리어였으며 당시 지배적 공용 문자는 라틴어 였는데도 그들과는 아무런 상관이 없고 그들 국민은 모르는 바다 건너에 있는 희랍어(Greek 헬라어)로 쓰여, 자기가 태어나 자라고 종교를 전파 한 모국의 동족들은 읽지도 보지도 못하게 된 이유는 무엇인가? 조금만 고민해보면 알 수 있는 이러한 정상적 생각조차 해보지도 못하는 자들이 전도한답시고 교육받은 단편 지식으로 앵무새처럼 반복하는 현실이다.

불교의 석가모니는 자기 나라 백성들을 위해 그 나라에서 쓰이던 고급 언어인 범어 즉 산스크리트(Sanskrit)와 대중의 글자였던 팔리어(Pali) 두 가지로 그의 말들이 기록되어 경전을 이루고 있으며, 중국의 도교와 유교 역시 노자, 장자, 공자, 맹자 등이 자기 나라에서 통용되는 문자인 한자(漢字)로 남겨 두었다.

그들은 하나같이 자신들의 동족 국민을 아끼고 사랑하고 구제하려고 한 것이다. 그런데 예수 그리스도는 생전에 해놓은 행위가 어떠했기에 제자들이 자기 나라말이 아닌 생판 관련조차 없는 희랍어로 그의 말씀을 전하기 위해 기록했을까? 두뇌 속에 뇌세포와 뉴런들이 정상작동을 하는 이들은 이 질문에 답변할 수 있어야 한다. 제대로 알기나 하고 예수 그리스도를 찾고 성경 구절을 언급해야 할 것 아닌가?

예수는 그분의 이름이고 그리스토는 희랍어로 구원자이다. 희랍어로 읽어 표기하자면 '이에수스 흐리스토스'이다. 필자가 살고 있는 동네에는 지척의 거리를 두고 한 교회의 간판에는 예수교 장로회라 쓰여 있고 다른 건물에는 기독교장로회라는 간판을 걸어두고 있다. 이러한 행위들을 보노라면 이들이 참 예수를 그리스도로 믿는다고는 여기기 힘들다.

정상적인 사고의 소유자들이라면 어찌 이럴 수가 있는가 말이다. 영어로 했을 때는 지저스 크리스트(Jesus Christ)가 한 단어여야만 그분을 표현하는 줄도 모르고 그분을 찢어 나누는 이런 행위들이 예수를 믿어 전한다고 하니 안타까울 따름이다.

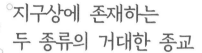

지구상에 존재하는
두 종류의 거대한 종교

유독 기독교라는 종교에만 바이러스들이 들끓는 이유는 그 종교가 절대자를 상정하고 있기 때문이라고 본다. 종교란 인간의 정신과 영혼을 최상의 선(善)한 상태로 유지하기 위한 인류 최고의 지성적 사고이다. 그 출발점은 인간으로 태어난 내가 누구이며 무엇인가를 찾는 것으로부터다.

기독교는 내가 누구냐를 캐어 들어가는 대신에 하나님이라는 절대자이자 창조주를 설정하고는 무조건 그 절대자에게 순종하라고 가르친다. 그런데 실은 구약성서에 보면 "내 앞에 다른 신을 두지 말라"며 신이 더 있다고 하나님 스스로가 말하고 있다.

구약성경에 따르면 천주님은 유일한 신이 아니다. 로마제국에서 기독교를 국교로 받아들이면서 모든 길은 로마로 통한다는 우월주의 사고를 바탕으로 자신들이 믿는 종교는 유일해야 한다는 생각에서 교리에 유일신 문구를 추가한 것이다.

반면에 불교는 내가 누구며 나는 무엇이냐를 철저하게 따지고 들어가 나라는 존재는 다섯 가지의 모둠으로 형성되는 존재로 보았다. 그 다섯 가지는 스칸다스(skandhas)로 통칭되고 각각 루파(rupa), 베다나

(vedana), 상즌냐(samjna), 상스카라(samskara), 뷔즌야냐(vijnana)이
다. 한역으로는 색수상행식(色受想行識)이고, 더 따지고 들어가 보면 이
다섯 가지가 모두 슌야타(Śūnyatā)이며 한역으로는 공(空), 영역으로는
"The aesthetic ultimate undifferentiated continuum"이다. 이를
분석하면 모든 물질과 비물질이 다 같은 공이 되고 만다. 그래서 불교라
는 종교는 너무 어려워 알고 믿기가 힘든 종교다.

이슬람교는 기독교와 그 뿌리가 같고 주장과 교리도 다를 것이 없다.
창시자가 다르고 야훼로 불리는 하나님을 알라로 부르는 차이가 있을 뿐
이다. 기독교와 이슬람이 서로 적대적인 관계가 된 것은 같은 신과 동일
한 절대자를 다르게 부르면서 구원의 방향을 다르게 조정했기 때문이다.
그러나 이 둘의 조상은 아브라함으로, 아버지는 같고 어머니가 다를 뿐
이다.

결과적으로 이 지구상에 거대한 종교가 실은 두 종류인 셈이다. 하나
는 '절대자를 만들어 놓고 무조건 복종하라는 종교'이고, 다른 하나는
'종국에도 분화되지 아니하는 지극히 순수한 영속체'라고 하는 원리를 내
세워 그 영속체로 돌아가는 것만을 우리 인류가 지향해야 한다는 이상을
갖는다. 이 근본 원리를 잊고 지엽말단적인 주장과 논의로 허송세월하는
것은 진정한 종교가 아니다.

우리나라의 신흥종교문제

19세기 후반 김항이라는 한 촌로가 '못살겠다, 바꿔 보자'는 의도로 5천 년 이상의 역사를 가진 역경(주역)을 연구했다. 천지개벽 차원에서 지축이 바로 섰을 경우의 이상향을 꿈꾼 것에서 시작하는 정역 사상을 만들었다.

하지만 본래의 역경은 황하 문명권에서 종교를 대신하는 학문으로 계승되어왔다. 지구의 자전축이 기울어진 상태대로의 우주 운행원리를 선후천 8괘에 의한 체용론(體用論)으로 나라의 길흉을 예측하는 방편으로 이용되기도 했었다.

18세기 말과 19세기 초를 지나오면서 이 한반도에서는 내부의 붕괴와 외세의 침공을 받는 상황을 맞아 인심이 말세적으로 변했고 정치는 가렴주구(苛斂誅求)로 인해 백성의 삶은 하는 수 없이 목숨을 끊지 못하는 지경에 이르게 됐다. 이러한 사회변혁기에는 군중으로부터 해방의 욕구, 혁세의 욕구, 재생의 욕구가 분출한다.

외적으로 보면 1876년 최초의 개항과 더불어 소위 양요(洋擾)라고 일컫는 프랑스와 미국의 침공 후에 이어지는 동학농민운동, 청일전쟁, 을미사변에 이어 끝내는 1905년 을사늑약에 이르게 되고 내적으로 무능한 국가권력은 도리어 가렴주구만 더욱 극성을 보이게 되고 말았다.

여사한 내외적 현상은 힘없는 백성들에게는 인력으로는 불가능한 탐색 즉 그것이 사이비든 망상이든 간에 종교에 의지하게 되고, 도피성 사고와 주술적 신앙이 싹트는 온상으로 변했다. 제대로 보면 이들 모두는 현실도피일 따름이다. 그리고 21세기에도 역시 이러한 현실도피 증상은 되풀이되고 있다. 영리한 자들에게는 이러한 현실이 오히려 부(富)와 명예를 차지할 호기로 삼게 되어 너도 나도 전에 없던 새로운 종교를 주창하게 된 것이다.

여기에 세 갈래의 신흥종교가 나타나게 된다. 그 첫 라인은 이서구(1754~1825)에서 이수증(1814~1889), 김항(1826~1898), 김광화, 최수운으로 이어지는 동학(천도교)이다. 그 둘째 라인은 김렴백, 백봉의 신교(神敎) 단군교 대종교로 이어졌다. 그 셋째 라인은 증산 강일순(871~1909)의 증산도, 흠치교로 나타났다. 위의 3갈래 신흥종교는 우리 민족의 분열 DNA에 맞추어 쉰 가지도 넘는 이름만은 민족종교라는 타이틀로 비 온 뒤의 대밭처럼 되고 만 것이다.

김일부가 있지도 않고 있을 수도 없는 23.5도 기울어져 있는 지구의 자전축을 바로잡았을 때의 변화를 상정하고, 그 가정하에 만들어낸 선후천 8괘를 이리저리 바꿔 놓은 정역(正易)은 천지개벽이 온다는 허구성에 도취한 혁세사조(革世思潮)에 휩쓸린 결과물이다.

천체물리학 관점의 근거로 본다면 현재 지구의 자전축에서 좌우로 10도 이상을 벗어나게 된다면 지구 내핵의 마그마가 폭발하면서 지구상의 모든 생명체가 멸절되어 없어지게 된다. 정역 사상에 기반한 신흥종교의 분열은 심지어 불교의 교리와 서구의 종교 교리까지 버무려진 원불교라는 사생아까지 만들어내고 말았다.

각각의 종교사상과 우리의 현실

성경이라고 하여 구약과 신약을 묶어놓은 것을 크리스트교 경전으로만 아는 이들이 대다수인데, 잘못 알고 있는 것이다. 구약성경은 바빌로니아지역을 중심으로 하는 메소포타미아 문명을 계승하는 아랍인들의 역사와 시, 노래, 명인 열전, 예언서, 잠언 등의 역사적 신화 전체를 모아놓은 서적으로 아랍계 인종의(유대인도 아랍계에 포함된다) 종합과거사서물(書物)이다. 즉 고대 중동지역의 문명(메소포타미아 문명)이 서양문화와 사상의 뿌리가 된 것이다. 따라서 중동지역의 모든 국가와 민족들도 구약성서를 자신들 선조의 기록으로 삼고 있다. 한 가지 예를 들자면 구약성경에 나오는 바벨탑은 지금도 그 기초형태가 조금 남아 있는데 그 위치는 이라크의 우루지방이다.

유대민족이 노예 생활을 했었던 애굽(바빌론)을 중심으로 메소포타미아 문명권의 수메르문화와 신화 등의 자료를 수집한 내용을 각색하여 구약성서가 쓰일 당시에는 지금처럼 구분되는 크리스천(Christian)도 무슬림(Muslim)도 존재하지 않았다. 예수도 아브라함의 자손이고 마호메트도 아브라함의 자손이지만 그들의 선조는 배다른 형제였다. 무슬림 쪽이 형이지만 정실부인이 아닌 다른 여인의 몸에서 태어났고, 유대인과 기독교의 아랍인들은 정실부인에게서 태어난 동생에서 내려왔다.

기독교와 이슬람교의 차이는 기독교는 희랍과 로마 사상의 신화적 영향으로 예수를 그리스도 즉 구세주로 여겨 구약 예언의 완성으로 보고 있으나 이슬람은 예수도 한 사람의 선지자로서 매우 존경할 사람으로 여기지만 구세주는 아니라고 하는 것뿐이다. 물론 이슬람교에서는 마호메트 역시 선지자이지 구세주로는 보지 않는다. 기독교가 지금처럼 유일신 사상으로 무장한 것은 로마제국이 기독교를 탄압하다가 어느 순간 국교로 인정하면서 세계의 모든 길은 로마로 통한다는 자존심에 자신들의 국교는 유일한 신을 믿는다는 설정으로 만든 것이다.

구약성서나 신약성서 그 어디에도 하나님이 유일한 신이라는 구절은 없다. 오히려 그 신앙의 중점이 되는 모세의 십계명에는 "내 앞에 다른 신을 두지 말라"고 하여 하나님 외에도 여러 신은 많다는 것을 의미하고 있음을 강조할 뿐이다. 즉 "나는 유일한 신이고 다른 신은 없다"고 하지 않았다. 기독교인들은 거짓으로 만들어진 기독교 교리를 믿지 말고 성경에 있는 대로 믿어야 한다고 본다. 즉 희랍과 로마에서 보낸 것을 더해, 유럽에서 자신들의 필요로 보태어 놓은 것은 믿지 말아야 한다.

지금의 한국 기독교는 본래의 기독교가 아니다. 불교 역시도 본래의 불교와 한국 불교는 전혀 다르다. 초기불교에는 극락이라는 내세관이 없었으며 신을 인정하지도 않았고 스스로가 깨달으면 각자(覺者, Buddha, 부처)가 되는 종교였는데도 우리나라의 절에 가면 산신각, 칠성각, 삼성각이 있고 명부전이 있다. 그러므로 본래의 불교는 아닌 것이다.

역경(易經, 주역) 역시도 춘추시대의 여러 학자에 의해 십익이 완성되어 해설해 놓은 것이 원조이며, 요즘 우리나라에서 성행하는 정역(正易)이라고 하는 이론은 지축(地軸)이 직립한다는 전제 하의 존재할 수 없는 이론을 근거로 기존의 괘상들을 바꿔 놓은 주역 이론이다. 기울어진 지구의 자전축이 현 상태에서 좌우로 10도 이상으로 벗어나게 되면 액상의 내핵이 대폭발하면서 지구상의 모든 생명체는 멸절되는데 그 이후의 종교 세계를 논한다는 자체가 허구이기 때문이다. 또한, 지축이 90도로 직립하게 되면 지금까지의 변화를 반복해오던 모든 기능과 기운 자체가 모두 정체되는 무변화 상태에 놓이게 되고 만다.

우리나라의 민주주의라는 것도 실상은 선거하는 요식행위만 흉내를 내고 있을 뿐 본래의 민주주의는 절대로 아니다. 모든 것을 내키는 대로 바꿔 놓고 그것이 기독교이고, 그것이 불교이며, 그것이 주역사상이고, 그것이 민주주의라고 하는 나라가 대한민국이다. 이를 바로잡지 않고는 우리나라가 존속(sustainability)하리라는 보장은 없다.

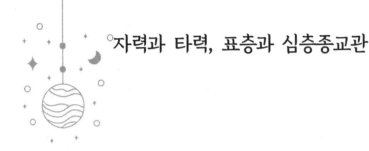

자력과 타력, 표층과 심층종교관

 2020년 전 세계를 휩쓴 코로나19바이러스의 영향으로 추후 종교단체에 여러 가지 측면에서 상당한 영향을 끼치겠지만 그중에서 영적이고 신앙적인 분야에 끼치는 영향을 언급해 보고자 한다.

 이번 코로나19 팬데믹 사태 이전에도 현대사회에 들어오면서 탈종교화가 상당히 표출되기 시작했다. 신이 없는 나라로 알려진 북유럽을 언급할 것도 없이 청교도 정신의 북미에서조차도 신앙으로부터 거리를 두는 시민들이 꽤 늘어나는 추세나.

 우리나라도 예외가 아니어서 몇 년 전의 통계치에 의하면 무교를 표방하는 숫자가 총 인구의 과반을 훌쩍 넘었다고 한다. 이러한 탈 종교화는 젊은 층과 상대적으로 높은 교육을 받은 사람들을 중심으로 비신자 성향이 두드러지게 나타나고 있는 현실이다. 무한발 바이러스 팬데믹 이후에는 그 추세에 가속도가 붙을 것이라는 예상에 누구든지 고개를 끄덕일 것으로 본다.

 우리나라의 경우 모든 종교를 망라하여 독특한 기복(祈福)적 신앙이 유별나다는 점이다. 그런데 이번 팬데믹을 겪으면서 절대신에게 빌어 봐도 별무소용이라는 점을 겪게 되면서 기복 중심의 타력신앙에 대한 믿음이 옅어질 것이라는 예견을 할 수 있겠다. 바이러스 예방은 위생과 방역이

관건이지 신앙적 깊이나 기도와는 연관성이 없다는 사실을 인지하였을 것으로 본다. 바이러스는 종교적 신앙과 신분을 가리지 않는다는 사실을 체험하면 권선징악적 상벌의식 또한 상당 부분 희석되리라고 예견된다.

티베트 불교 지도자인 달라이 라마는 《종교를 넘어》라는 저서에서 이제부터는 사람이 죽은 후에 극락이나 지옥에 간다고 하는 불교의 교리는 설득력을 잃을 것이라고 언급하기도 했다. 기독교 신학자들 중 일부에서도 지금까지 행해져 오던 천당과 지옥을 중심으로 하던 신앙에서 벗어나 변화중심으로 모색해야 한다고 주장한다. 미국의 종교사회학자 필 주커먼은 《종교 없는 삶》이라는 저서를 통해서 기존의 신앙에서 벗어나 일상에서 발견되는 소소한 사안이나 무한한 우주적 통찰력으로 대하는 신기함과 신비스러움에 놀라워하고 경외심을 가지며 유쾌하게 밝게 사는 삶이 21세기에 바람직한 종교를 초월하는 신앙이라는 주장을 펴고 있다. 필자는 이러한 그의 주장에서 조금 더 구체적으로 무엇에 관하여 신비스러워하고 심층적인 사색과 사유를 할까 하는 점이다.

이 세상 모든 종교와 종교인에는 표층과 심층의 신앙으로 구분될 수 있다고 본다. 지식과 지혜를 불문하고 그 어떤 종교나 종파를 초월하여 모든 것을 아우를 수 있는 사상적 깊이를 보여주는 심층적이고 신비적인 것까지 헤아리느냐, 아니면 단편적이고 표층적인 시각이면서도 이것을 종교와 신앙의 전부로 이해하는 수준이냐의 차이다. 표층과 심층적 신앙이 어떻게 다른가에 대하여 언급하자면, 표층종교인은 자기 자신이 잘되기 위해서 믿는 종교라고 한다면, 심층종교인은 자신의 내면을 꿰뚫어보고 참 나를 찾는 도구로서의 종교관이라고 할 수 있다. 표층신앙은 무조건적인 믿음만을 추구하고 절대자를 자신의 밖에서만 찾으려 한다면, 심층신앙은 깨달음의 깊이를 추구하면서 자신의 내 외면에서 찾는다. 또한, 표층적인 사고는 모든 만물이 상호 간에 분리되어 있다고 생각하는 반면, 심층적인 사고는 모든 것들이 상호 연결되어 있으며 근본적으로는 하나로 귀일한다고 보는 점이다. 특히 천체물리학자들과 서양의 신지식인은 본인들의 전통종교로부터 동양의 종교와 사상에 매료되는 것은 불교의 심층적 교리에서 찾을 수 있는 가르침에 연유한다고 본다.

우리나라도 앞으로는 근세 인물인 유영모 선생처럼 좀 더 많은 사람이 기복을 추구하는 표층신앙인에서 벗어나 노자의 직관적이고 관조적인 우주자연의 신비로움을 맛보는 심층신앙으로 심화되는 과정이 더욱 두드러지게 행해지리라 본다. 어쩌면 진정한 의미의 신앙으로 안정과 평온함을 얻을 수 있는 사람들이 많아지지 않을까도 생각해 본다. 깊은 통찰의 사유에서 접하는 만물이 상호작용하고 있다는 것을 체감하게 되면 인간과 자연을 포함하는 모든 것들이 하나 됨을 깨닫는 마음이 우러나게 될 것이다.

바이러스 팬데믹으로 말미암아 추후 사랑과 자비가 충만한 인류사회로 진행된다면 그것이야말로 우리가 진정으로 바라던 미래가 되지 않을까 싶다.

기복·해탈·구원

기복(祈福)

인간은 고통, 불행, 질병을 만났을 때 이를 자신의 힘으로 제거 또는 치유를 할 수 있으면 초자연적인 힘이 이를 제거, 치유해줄 것으로 기대하고 의지하는 성향을 보인다. 이를 기복이라 하며 가장 순수한 상태가 무속신앙의 발로라 볼 수 있다.

일부의 고등종교에서 여사한 무속신앙을 비하하고 자신들의 기도만을 옳다고 하는 것은 본말의 전도에 지나지 않는다. 왜냐하면, 기도의 기원은 타에 의존하여 복을 비는 행위의 세련된 방법일 따름이기 때문이다. 이른바 고등의 기성종교들이 무속적 기복 행위를 바르지 않은 행위로 비하하려면, 이들 기성종교에서의 기도는 신앙의 고양과 찬양에 국한되어야만 하는 것이지, 개인적이거나 집체적 행운을 비는 것이어서는 아니되는 것이다. 이유는 그러한 행위의 기도는 그것 자체로 이미 기복이기 때문이다.

기독교도나 불교도 등이 내 아들이 좋은 대학에 들어가게 해 달라는 기도를 드리는 것은 말하자면 하나님과 부처님에게 내 아들로 인하여 다른 사람의 아들은 좋은 대학에 못 들어가도록 해 주십사고 하나님과 부처님께 떼를 쓰는 꼴이다. 좋은 대학에 들어가는 것은 공부를 열심히 한 것의 결과물이지, 하나님 부처님이 공부를 대신 해 주시는 게 아니다.

이는 근본적인 교리 면에서 볼 때, 사랑과 자비를 차 던지는 행위가 되고 마는 것이다. 이로 보면, 우리나라의 교회 사찰 다시 말해서 일부의 기독교와 불교는 그 기독교와 불교에 무속신앙을 혼화시켜놓은 사이비종교일 따름이다.

우리나라 기독교와 불교 등이 여사한 타락으로 함입해 버린 것은 그 종교들의 지도자라는 이들의 생계수단으로 전락한 때문이다.

해탈(解脫, Moksa)

해탈이란 낱말은 우리말에는 없는 말로 중국인들은 범어(梵語)라고 하며 인도 고대의 의역어(Sanscrit)이다. 이를 종교용어로 채택한 종교는 석가모니가 창시한 불교와 마스카린 고잘라에 의해 주창된 자이나교(배화교) 수행의 최종목표를 말하는 것이다.

'나'(自我, 자아)란 무엇이기에 생각하고 말하고 움직이고 살고 병들고 늙고 결국에는 죽느냐는 것을 캐고 또 캔 결과로 얻어진 것은 '나'(Atman)라는 존재는 물질(색, 色)과 정신(영혼)으로 구성된 존재이고, 물질과 영혼은 각각 지수화풍(地. 水. 火. 風)과 수상행식(受想行識)으로 구성되어 있으므로 나라는 인간존재는 바로 색, 수, 상, 행, 식이라는 다섯 가지의 모음 즉 오온(五蘊, Skandhas)에 다름 아니라고 하는 것이다. 따라서 이 오온은 그러면 또 무엇이냐는 질문을 하지 않을 수 없게 된다.

그 결론으로 도출된 것이 불교 경전의 하나인 반야바라밀다심경에 기록되어 있다. 거기에는 조견오온개공(照見五蘊皆空) 즉 비추어 살펴보면 다섯 가지 모음은 모두가 공이라는 서두에 이어, 색즉시공(色卽是空, 색이란 바로 공이고) 공즉시색(空卽是色, 공이야말로 바로 색이다) 그리고 이어지기를 수상행식역부여시(受想行識亦復如是, 수상행식도 이 앞에 말한 색과 마찬가지로 공이며 그 반대도 또한 같다)라고 했다.

자세히 새겨보면 "나를 구성하고 있는 모든 원소의 모음을 부정하고서는 바로 나란 그 원소들이다"라는 이중부정을 하고 있다.

바로 이 이중부정의 실체 실행이 해탈이라는 것이다. 쉽게 설명하기는 심히 어렵지만, 하나하나의 모든 존재란 존재하기는 하지만 존재가 아니라는 주장이 空이 되는 것이고, 따라서 불교와 자이나교에서 말하는 공은 비었다거나 없다는 것이 아니라 나누어질 수 없는 지극히 정치(精致)한 영속체라는 말이다.

오온은 따로따로 나누어지는 것이 아니다. 이러한 사실을 인지하고, 이해하고, 내 것이 되면 그 결과는 '나'라는 존재는 무엇인지를 아는 것이다. 흔히 쓰이는 불교 용어로 표현하자면 견성성불(見性成佛, 나의 본성, 근본을 제대로 보면 바로 부처가 되는 것이다)이고, 그 순간을 해탈이라고 한다.

해탈이란 인간이 인간의 본성이 무엇인지를 깨닫는 것을 말하는 것일 뿐이다. 이것이 가장 간단한 설명이지만 이 설명을 이해하면 해탈한 것이고 부처(Buddha, 깨달은 자, 불타)가 되는 것이다.

좀 까다롭게 따지고 들어가면 '색즉시공'과 '공즉시색'은 그 차원이 다른 개념이다. 색즉시공은 깨달을 때 보이는 상태를, 공즉시색은 깨달은 뒤에 다시 물질(色)을 관조할 때 보여지는 상태를 말한다.

위에 말한 깨달음을 얻는 방법론으로 여러 가지가 있는데 그중의 한

가지가 선(禪, Dhyana) 또는 선정(禪定, Asare)이다.

결론으로 기복과 구원 그리고 해탈 가운데 어느 것이 '나'를 현세에서의 평안과 사전사후의 안온에 도움이 되는 지는 각 개인의 지능과 지혜 그리고 판단에 맡길 수밖에 없는 것이다.

그러므로 각 개인이 가진 종교나 신앙을 타인에게도 강요하는 것은 타인에 대한 모욕적 행위가 될 수도 있다는 것으로 인식해야 한다.

구원(救援)

종교적 구원이란 오로지 정신과 영혼의 문제이다. 육체에는 치유가 있을 뿐 구원의 대상이 아니다. 하지만 이러한 구원은 초월적 신을 인정하는 종교에서만 통용되는 개념일 뿐, 초월자 또는 절대자(Das Absolute)를 인정하지 아니하는 종교에는 없는 개념인 것이다.

인간의 능력과 노력으로는 해결 불가능한 영혼의 쇠잔과 방황 일탈로 인한 불치 상태로의 함입으로부터 정결한 본연의 상태로 되돌리는 것을 구원이라고 하며, 이러한 구원이 없이는 종교의 구극목적인 내세에서의 안락은 보장될 수 없다고 가르치는 것이 신을 둔 종교의 독트린 (doctrine)이고, 이를 행할 수 있는 자는 오직 초월자라는 것이다.

또한, 불완전한 인간이 이러한 구원을 얻는 방법으로는 철두철미하게 절대자에의 복종과 헌신으로만 가능하다고 한다.

그런데, 여기에 문제가 발생한다. 무슨 말인가 하면, 그러한 종교들의 절대자인 하나님과 알라신은 한 편으로는 모든 것을 예정하고 계시는 존재라는 점이다. 기독교와 이슬람의 절대자는 전지전능을 그 속성으로 함으로 모든 것은 예정일 수밖에 없다. 이 예정론을 따르면, 하나의 영혼이 타락하는 것도 예정이고 구원받음도 역시 예정이 되고 마는 것이다.

그러면 어쩌라는 것인가? 이 모순에 대하여 절대자를 신앙하는 종교들은 그러한 예정 속에서도 인간은 그 절대자로부터 자유의지를 부여받았다고 주장한다. 이는 참으로 궁색한 논리의 비약이요 결핍이다.

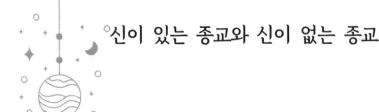

신이 있는 종교와 신이 없는 종교

모든 종교의 출발점은 인간인 '나'란 무엇이며 어디로부터 왔고 어디로 가느냐에서 도출된 것이다.

고대로부터 현대에 이르기까지 종교로서의 명맥과 발전을 이어온 종교로는, 사막지대의 어려운 삶으로부터의 탈출을 희원함에서 유래한 기독교와 이슬람, 그리고 삶의 여유가 많아 정신적 갈등의 치유를 구하던 불교와 자이나교, 그리고 다양한 종족들과 서로 상이한 문화의 결합에서 하늘-땅-인간(天地人)의 조화를 모색하던 도교와 유교가 돋보인다.

신이 있는 종교

나라는 존재가 누구인가를 따져보니, 아버지의 아들이고, 그 아버지는 또 아버지가 있고, 그 아버지에게는 또 아버지가 연달아 있다. 그렇게 찾아보면 결국에는 그 최초의 아버지는 누군가가 만들었어야만 한다. 그래서 최초의 아버지를 만든 건 누구냐에 이르고 그는 신(God, 천주, 하나님, 야훼, 알라)이 됐다.

결국, 신을 찾고 보니 더는 나라는 것이 무엇이고 왜 살아야 하는지 또 왜 죽어야 하는지는 그 신이 '정해놓은 대로'이기만 하면 그만인 것이 되고 만다. 그 신의 예정과 섭리를 나는 벗어날 수도 없고 벗어나는 것은 죄악이 되는 것이다. 그래서 '내 주의 뜻대로' 혹은 '알라의 뜻대로'면 더는 돌아볼 것도 생각할 것도 없게 된다. 이것만이 진리이고 신앙이다.

신이 없는 종교

출발점은 신이 있는 종교와 같은데, 유래도 유래지만 당장에 "나"라는 존재가 물질로 구성된 육체가 있고, 같은 물질로 구성된 주변의 다른 존재들은 지니고 있지 않은 것으로 보이는 정신(精神, 혼, Spirit)이 있고 생각·의식·의지를 한 몸에 같이 가지고 있다. 그렇다면, 육체 즉 물질이란 무엇이고 정신 즉 영혼이란 또 무엇이냐는 문제에 봉착한다.

불교와 자이나교에서는 이 문제를 파고들었는데 찾아본 결과, 육체라는 물질은 땅(地, 공간을 점유하는 성질, 건강성)과 물(水, 응집성, 상호부착성, 결합성)과 불(火, 열성, 조습성) 그리고 바람(風, 진동성)을 총체적으로 지니는 것이며, 의식 정신 영혼이란 나(我)이든 타(他)이든 물질이든 개념이든 이들을 먼저 Vedana(受, 감각의 수용), Samjna(想, 지각, 관념), Samskara(行, 정신의 활동으로 취합하는 행위, 복합기능), Vijnana(識, 인식, 개념화) 정착의 과정이 동시적으로 일어나는 그 작용과 상태임을 밝힌 것이다.

이 두 가지를 종합한 것이 바로 '나'라는 인간존재이고 이는 끊임없이 반복을 되풀이하고 있으므로 인간은 태어남과 죽음을 겪는다는 결론에 이르렀다. 이 굴레를 벗어나는 방법이 무엇인가를 찾는 것이 삶이고 종국에 가서는 이들 모두는 공(空)이라고 하는 것이다. 따라서 이 종교에는 공을 이해함이 전적으로 나에게 있는 것이지 외부나 신에 의해서가 아니라는 것이다.

불교와 자이나교에서 말하는 공을 우리나라 말로 비슷하게라도 번역하자면 '지극히 심미적이고 분화되지 않는 영속체'쯤 될 것이다.

이상이 개념적으로라도 지금 세계의 사상과 과학을 망라한 큰 줄기를 이루는 사상이다. 위에서 보다시피 신이 없는 종교에서는 물질을 다루어야 하므로 처음부터 물리 화학과 연계성을 가지는 것이다.

동서양 철학의 회통과 종교다원주의

　필자는 근·현세의 철학자이자 종교인 중에서 다석 유영모 선생과 성철스님 그리고 김흥호 목사를 존경한다. 이분들의 공통점은 자신의 신앙심을 떠나 동서양 철학과 모든 종교를 통섭하고 아우른다는 점이다.

　다석은 동서양의 철학을 회통하였고 기독교도이면서도 선불유(仙佛儒)를 아우르는 종교다원주의가 서양보다 70년이나 앞섰다고 하며 그 다원주의에 바탕한 유영모의 종교사상은 1998년 영국의 에든버러 대학에서 강의되었다고 한다.

　다석(多夕)이라는 아호는 하루 세 끼를 먹는 것이 많다(多)면서 저녁(夕) 한 끼만 먹는다는 뜻이다. 그는 동경 물리학교에서 수학 후 20대 초반의 나이에 오산학교 교장에 취임하여 물리와 화학을 가르치기도 한 사상가이다. 과학에 밝았던 다석은 아들과 함께 자작 망원경을 만들어 집에서 수시로 천체관측을 함으로써 별에서 영원성을 발견하고 우주의 광대함에서 신을 발견한 그의 종교관은 매우 합리적이라는 평가를 받는다. 다석은 자연의 위대함이 곧 신의 위대함이라는 관점에서 본다면, 우주는 신이라고 말한 스피노자와 그 궤를 같이한다고 볼 수 있다.

　다석은 평소에 우리나라 사람이 신약성경을 이해하려면 구약성경뿐만 아니라 동양의 고전도 함께 공부해야 한다고 강조했다.

유영모의 제자인 김흥호 목사는 연세대에서 동양철학을 가르쳤고 이화여대에서도 철학개론을 강의하다가 미국 웨슬리감리교신학대학에서 신학을 공부하고 인디애나주 감리교회의 목사가 되었다. 이후 한국으로 돌아와 이대에서 종교철학, 기독교문학 등을 가르쳤고 감리교신학대학에서 주역, 양명학, 선불교 등에 대해 강의했다.

그는 어머니의 간절한 권유로 결혼을 하고 난 후에도 생각은 끊이지 않았기에 다시 공부를 시작하여 주역(周易)에 몰두했다. 매일 64괘상 중에서 한 괘씩 종이 위에 그려놓고 종일 들여다보다가 35살 되던 해, 봄에 깨달음을 얻는다. 그는 스승인 다석의 가르침대로 동양의 선불유 삼교와 기독교의 근본 오의(奧意)를 회통한 후 그 견처(見處)를 다음과 같은 오도송(悟道頌)으로 남겼다.

斷斷無爲自然聲 (단단무위자연성)	자신을 텅 비웠을 때 자연과 하늘의 소리를 듣고
卽心如龜兎成佛 (즉심여귀토성불)	마음의 본체를 깨치면 만물이 부처가 된다.
三位復活靈一體 (삼위부활령일체)	부활한 성부 성자 성신이 하나의 영으로 빛나고
天圓地方中庸仁 (천원지방중용인)	하늘과 땅의 진리는 중용의 어짐이다.

김 목사는 이 오도송을 통해 도교에서는 무위자연을, 불교에선 즉심성불을, 기독교는 삼위일체를, 유교에서는 중용으로서 모든 진리를 이 네 가지 말로 요약하고 체계화하였다. 또한, 철학을 모르면 나 자신을 모르고, 과학을 모르면 물질세계를 모르고, 예술을 모르면 아름다움을

모르고, 종교를 모르면 생명을 모른다고도 설파했다. 그는 목사이면서도 동양사상을 꿰뚫는 등 동서양 철학에 막힘이 없다 보니 그를 도인 혹은 철인으로 불리기도 했다.

김흥호 목사는 다른 종교의 경전도 소중한 인류의 문화유산으로 공부해야 한다고 주장했다. 타 종교에 대하여 배타적인 시각을 견지하는 것은 그것을 모르기 때문이라고 자신의 소신을 피력하기도 했다. 또한, 그는 도교와 불교 유교를 깊이 알게 되면 기독교에 대한 이해가 훨씬 쉬워진다고도 하면서 자신은 기독교를 사랑하고 평생 추구하는 것도 기독교라고 했다. 그는 법화경 원각경 화엄경 같은 불교 경전과 양명학 등 유교 서적에 대한 저술도 많이 펴냈다.

기독교는 개인의 깨달음에 보탬을 줘야지 예수 믿고 천당 가자는 식의 기복신앙에 머물러선 안 된다고도 했다. 즉 기독교의 복은 하늘의 숭고한 뜻과 하나님을 만나는 데 있다며 우리나라 종교인들의 기복신앙 개념에 우려를 표명했던 것이다. 김흥호 목사는 우리나라의 사회와 교회가 버려야 할 세 가지로 파벌싸움, 사대주의, 우상숭배를 언급하면서 교회를 크게 짓는 행위도 곧 교회가 우상이 될 수 있다고 했다.

대한불교 조계종 종정을 지낸 성철스님은 철학과 종교 분야에 깊은 흔적을 새겨놓은 인물로 그의 가르침은 이 시대를 밝히는 한 줄기 빛으로 다가온다. 성철스님과 관련된 아래와 같은 일화가 있다.

어느 한 대형교회의 장로가 경남 합천에 소재하는 해인사(海印寺)로 여행을 갔다가 일행들과 떨어져 혼자 그 사찰 근처의 화려하지도 않고 소담한 작은 암자를 발견하고 정적만 감도는 건물로 올라가면서 보니 암자의 작은 마당에 홀로 먼 산을 바라보고 서 있는 기골은 장대하나 입은 가사(袈裟)는 깁고 또 기운 허름한 승려 한 분을 쳐다보니 그 승려 주위

가 유난히 밝아 보여 얼른 올라가 그 스님에게 허리를 굽혀 인사를 하고
는 자신에게 불교가 어떤 종교인지 한 말씀 해 주실 수 있으시냐고 부탁
드렸다.

그 스님이 입을 열어 하는 첫 말이 '그걸 물으시는 분은 종교를 믿고
계십니까?'라며 되물었다고 한다. 이에 장로는 '예, 저는 기독교의 장로
로 예수님을 믿습니다'라고 대답하자 '그러세요? 믿으시는 예수님과 성
경 말씀을 따라 사시기만 하면 그게 바로 불교이지 따로 불교가 있지 아
니하지요'라고 대답한 그 승려는 그 암자의 작은 처소로 들어가는 것이
었다.

한동안 멍한 상태로 서 있던 그 장로는 스님의 독경 소리를 들으면서
정신이 돌아와 때마침 열려있는 스님의 처소 안을 들여다보는데 그 승려
의 책상에는 불경뿐 아니라 신구약 성경도 놓여 있고, 그로서는 생전 처
음 보는 문자의 낡은 시적들도 보였고 더욱 놀라운 것은 스티븐 호킹
(Steven Fawking) 사진이 표지에 있는 물리학 서적도 원서로 놓여 있
는 것이었다.

이 승려는 바로 자신을 만나려면 부처님 앞에서 3,000배의 절을 올린
뒤에 찾아오라던 성철스님이었다. 3,000배의 고행(苦行)을 하지 않고도
요행으로 스님을 만났던 그 어리석은 장로는 성철스님의 충고를 따르지
못하고 그의 신앙을 불교로 바꾸고야 말았다고 한다.

종교의 기본 목적은 '나'라는 존재가 무엇이며 '왜 살고 또 죽느냐?'를
탐구하여 죽음을 두려워하지 않는 경지에 자신을 이끄는 것 그 이상도
이하도 아닌 것이다. 이 세상의 모든 분란과 소요(騷擾)는 '나'라는 존재
가 영원히 살 것이라는 허황된 착각으로부터 유래한다고 본다.

다음 시는 성철스님의 오도송(悟道頌)과 열반송(涅槃頌)이다.

오도송(悟道頌)

黃河西流崑崙頂 (황하서류곤륜산)	황하는 서쪽으로 흘러 곤륜산정에 올랐으니
日月無光大地沈 (일월무광대지침)	해와 달은 빛을 잃고 땅은 꺼져 내리네.
遽然一笑回首立 (거연일소회수립)	문득 한 번 웃고 머리를 돌려 보니
靑山依舊白雲中 (청산의구백운중)	청산은 그대로 흰 구름 속에 있구나.

열반송(涅槃頌)

生平欺誑男女群 (생평기광남녀군)	평생 미친 말로 남녀의 무리를 속여
彌天罪業過須彌 (미천죄업과수미)	하늘을 넘치는 죄업은 수미산을 지나친다.
活陷阿鼻恨萬端 (활함아비한만단)	산 채로 지옥에 떨어져 한이 만 갈래인지라
一輪吐紅掛碧山 (일륜토홍괘벽산)	한 수레바퀴 붉음을 토하며 청산에 걸려 있네.

우리나라 종교와 종교인들

삼국사기와 삼국유사 이전의 우리 역사에서 종교와 종교인의 역할이 어떠했는지는 가늠키 쉽지 않지만, 고려와 조선 이후 나라 안의 종교와 종교인들의 애국에 대하여는 많은 자료가 남아 있어 우리를 훈육해 주고 있다. 일제의 침략으로 국가가 사라졌을 때 일어난 3·1 독립운동에서도 불교와 기독교는 그 운동의 중심에 서 있었음을 부인할 수 없다.

현시대 우리의 종교인들 가운데는 국가와 국민의 영혼과 현실 생활의 안온을 망각하고 자신들의 사리사욕에 골몰하는 자들이 다수 있음은 심히 유감이다. 왜 이런 비종교적 사고가 횡행하게 되는지는 많은 원인과 이유가 있겠지만 크게는 다음과 같다.

첫째, 종교지도자의 양성제도에 결함이 있다는 것이다. 승가대학, 신학대학, 성신대학 등이 종교지도자를 키움에 있어서도 일반 대학들처럼 고졸을 입학시키고 있다는 점이다. 종교가 국민과 사람의 영혼을 구제할 목적으로 그 지도자를 양성하려면 최소한 그러한 교육은 적어도 일반 대학에서 각 분야에 걸쳐 소양을 닦은 이들을 뽑아 종교적 소명에 불이 붙도록 하여야만 종교의 이상 구현에 이바지하게 될 것으로 본다.

둘째, 한국의 종교들은 신앙인들의 내면을 살찌도록 함이 그 근본 목적임에도 불구하고 그 단체의 외형확장과 겉치레에 더 정신이 팔려 실은 종교인지 기업인지 구분이 어렵도록 세속화하고 있고 그러기 위해서는 사회의 정치와 경제에 발을 들여놓지 않을 수 없다는 것이다.

셋째, 우리나라는 종교의 자유가 과장되어 있다는 점이다. 종교도 국가체제 안에서 국민을 상대로 하는 것이기에 국가가 정한 헌법과 법률의 테두리 안에서 삶을 유지해야 하는 사람들의 영혼 구제에는 제한을 받을 수밖에 없는데 이를 무시하는 경향이 다분하다는 사실이다. 바꾸어 말하면 종교시설은 신앙을 북돋기 위함으로 지어진 것이지 국가가 죄인으로 설정한 사람의 육신을 보호하는 곳은 아니라는 것이다.

넷째, 우리나라 정부의 제도와 기구에는 종교와 종교이념을 심의하고 종교 행위를 선양 또는 규제하는 그 어떤 장치도 없기 때문이다. 이는 종교를 탄압해야 한다는 말이 아니라, 국민의 정신을 혼란으로 빠뜨릴 소지가 농후한 외래 또는 신흥종교가 가져올 폐단을 최소화하자는 말이다. 모래라고 하여 어떤 모래든 건축에 쓸 수 없는 것처럼 종교의 이름을 걸고 있다 하더라도 국민과 국가에 유익한 종교도 피해를 야기하는 종교도 있을 수 있는 것이다.

마지막으로 우리나라에는 종교라 이름하는 교파가 헤아릴 수도 없이 많아 그들 종교 간의 다툼이 국가에는 소란을, 국민정신에는 혼동을 유발한다. 왜 이런 말을 해야만 하는지는 다음 리스트를 보면 이해가 될 것이다.

대한민국에 현존하는 종교들

1. 예수 그리스도를 신앙하는 종교들: 천주교, 성공회, 구세군, 예수교, 장로교, 감리교, 성결교, 침례교, 안식교, 모르몬교 등

2. 유사 그리스도교: 문선명의 통일교, 조용기의 순복음교, 박태선교, 최태민교, 유병언교, 이만희교 등

3. 불교 계통: 조계종, 태고종, 천태종, 진각종, 임제종, 실상종, 원각종, 종기종, 미륵불교 등

4. 유사 불교: 원불교, 법련종(남묘호렌케교)

5. 이슬람교: 수니파, 시아파

6. 민족종교를 표방하는 종교들: 천도교, 동학교, 증산교, 대종교, 대순진리회, 창립교, 대화교, 시천교, 무극도, 상제교, 단군교, 대동교, 보천교, 태을교, 원군교, 용화교, 선도교, 삼성교 등

우상(偶像)에 대하여

모든 우상은 대중에 의해 만들어지고 또한 대중에 의해 파괴된다. 대중들은 자신들이 내세우는 대상에 대하여 구체적인 형상으로 만들어내고자 하는 욕망이 있다. 그들은 눈에 보이는 세계가 아니면 불안을 견디지 못하기 때문이다.

따라서 대중이 섬기고 있는 동상(銅像)을 보면 그 사회를 지배하고 있는 신(神)이 무엇인지 알 수 있다. 즉 대중의 심리코드를 하나로 결합한 것이므로 누구도 감히 손댈 수 없는 동상이 존재한다면 그 사회를 지배하는 심리를 알 수 있다.

이런 우상을 따르는 집단에 의해 시간이 흐를수록 재해석되면서 생명력을 얻는 것이다. 이러한 동상은 논쟁이나 반증할 수 있는 대상이 아니라 믿음이 된다. 마치 살아있는 사람처럼 옷을 입히는 퍼포먼스를 통하여 그 사회 속에서 생명력을 얻게 되면 이 우상은 살아있는 신으로 변신

을 하기도 한다.

과거에는 가축(家畜)이나 짐승이어서 잡아먹기도 했는데 지금은 생활 속에서 사람과 동급의 대우를 받고 있는 동물을 떠올려보면 된다. 왜 소나 돼지는 도축해도 괜찮고 개나 고양이는 때리는 것조차 용납되지 않을까? 그 사회 속에서 부여한 생명력의 잣대가 다르기 때문이다. 이런 관점으로 그 우상을 바라보면 어떻게 생명력을 얻었는지 유추할 수 있다.

모세는 언약으로 받은 법을 세우기 위해서 대중이 세워놓은 소의 우상을 부수었다. 그 당시의 대중을 지배하는 트렌드가 경제와 풍요의 상징으로 소를 내세웠을 것이다. 마치 독재자와 법이 공존할 수 없는 것과 같이 우상과 법은 결코 공존할 수 없는 원리다. 그 사회가 만들어 놓은 우상을 부술 수 없다면 법은 지배력을 잃고 만다.

법의 가치가 추락하거나 무시되면 개인의 인권과 양심도 없어진다. 우상이 득세하면 개인들은 타락해 자아를 잃고 군중으로 돌아가게 된다. 그런 사회에서는 상식이나 이성이 지배하는 사회가 아니라 그 군중의 우상이 지배하는 세상이기 때문이다.

인간은 선택 앞에서 이성이 아니라 자신을 외면하고서라도 욕망을 따른다. 그리되면 그 사회의 문명은 퇴보하게 마련이다. 법은 무시되고 우상은 살아있는 사회 속에서 개인이 타락하지 않을 방법은 없을까? 오직 윤리와 법이 살아있는 공동체로 모이는 방법뿐이다.

지금의 우리가 속해 있는 사회는 어떠한가?

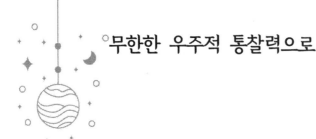

무한한 우주적 통찰력으로

　이 세상의 모든 종교를 대별한다면 자력신앙과 타력신앙으로 구분할 수 있으며, 그 모든 종교인은 표층신앙과 심층신앙이라는 관점에서 구분될 수 있다고 본다. 대표적인 자력신앙으로는 불교를 꼽을 수 있고 타력신앙에서는 기독교를 우선 떠올릴 수 있겠다. 불교에서는 기도와 수련을 통하여 누구든지 부처가 될 수 있다는 것이고, 기독교는 그 어떤 사람이든 하나님과 예수를 믿으면 천당에 갈 수 있다고 설파한다. 또한, 표층적 신앙과 심층적 신앙이 어떻게 다른가에 대하여 대비적으로 간략히 언급하자면, 표층신앙은 무조건적인 믿음만을 추구하면서 절대자를 외부로부터 찾으려고 하는 반면, 심층신앙은 깨달음의 깊이를 추구하면서 자신의 내 외면에서 찾는다. 또한, 표층종교인은 단순히 자신과 주변이 잘되기를 바라는 신앙관이라고 한다면 심층종교인은 자신의 내면을 꿰뚫어 볼 수 있는 도구로서의 신앙관이라고 표현할 수 있겠다.

　표층적인 사고(思考)는 모든 사물이 서로 간에 기질적으로 분리되어 있다고 생각하는 반면, 심층적인 사고는 이 모든 것들이 상호 연결되면서 궁극적으로는 하나로 귀결된다고 보는 점이다. 지식과 지혜의 깊이를 떠나서 그 어떤 종교나 종파를 초월하며 모든 것을 아우를 수 있는 사유의 깊이를 보여주는 심층까지 헤아리느냐, 아니면 단편적이고 표층적인 견지에서 종교와 신앙의 전부로 이해하는 수준이냐의 차이라고 본다.

우리나라에서는 그 어떤 종교나 종파를 불문하고 우리만의 독특한 기복적 신앙요소가 유별나게 표출되고 있는 실정이다. 전 세계를 휩쓸고 있는 우한발 바이러스 팬데믹을 겪으면서 절대 신에게 빌어 봐도 소용없다는 점을 겪게 되면서 기복 중심의 신앙에 대한 열망이 옅어질 것이라는 긍정적인 예상도 해볼 수 있겠다. 항(抗)바이러스에 관해서는 위생과 방역이 관건이지 신앙적 깊이와는 직접적 연관성이 적다는 사실을 이번 사태를 통하여 인지하였을 것으로 본다. 바이러스 감염은 종교적 신분이나 신앙과는 무관하다는 경험을 통해 우리나라의 종교관에도 긍정적인 변화가 있기를 기대해 본다.

근·현세 종교인 중에서 타 종교는 물론이고 철학, 과학 분야까지 통섭한 다석 유영모 선생이나 성철스님처럼 좀 더 많은 사람이 기복을 추구하는 표층신앙인에서 벗어나 노자처럼 직관적이고 관조적인 우주 자연의 신비로움을 맛보는 심층신앙으로 심화되는 종교관과 진정한 신앙인으로서의 깊이와 안온함을 얻을 수 있는 사람들이 앞으로 많아지기를 기대해 본다.

깊은 통찰의 사유에서 접하는 만물이 상호작용하고 있다는 것을 체감하게 되면 인간과 자연은 물론이고 철학과 종교 그리고 과학을 포함하는 모든 것들이 종국에는 하나로 귀결됨을 깨닫는 경지로 나아가게 될 것이다. 티베트불교 최고지도자인 달라이 라마는 인간의 사후에 극락이니 지옥이니 하는 불교 신앙에 대한 설득력이 상실될 것이라는 주장을 피력하기도 했다. 사실 붓다의 생존 시와 초기불교에서는 내세관에 대한 개념이 없었다는 견해가 정설이라고 본다.

어떤 기독교 신학자는 지금까지의 천당과 지옥이라는 개념의 교리에서 탈피하여 새로운 관점으로 접근해야 한다는 논리를 펴기도 했다. 이는 기존의 기독교 교리 관점에서 볼 때 극히 진보적이며 무례한 주장으로 비칠 수 있는 사안이다. 필자는 지금까지의 신앙심이나 종교관으로부터 초월하여 무한한 우주적 통찰력으로 그 신비스러움에 대한 경외심과 심층적인 사색과 사유의 관점에서 고민해보고 싶다.

코로나19 팬데믹이라는 후폭풍은 추후 인간사회의 거의 모든 분야에 걸쳐 지대하게 영향을 미치게 될 것으로 보인다. 이번 팬데믹으로 말미암아 이 지구상에 미친 파장은 실로 크나큰 충격과 시련이었지만 향후 사랑과 자비가 충만한 유토피아는 우리가 뜻을 모으고 노력해 나아간다면 내세가 아닌 현세에서도 실현 가능할 것으로 보인다.

붓다 탄신일에 대한 유감

우리나라는 음력 4월 8일(초파일)을 석가모니 부처가 오신 날, 즉 석탄일로 삼고 있다. 그런데 왜 불교가 전래되어 정착된 나라들은 그 나라마다 석가모니의 탄생일을 달리하고 있는가를 언급하지 않을 수 없다.

우리나라 불교가 음력 4월 8일을 석가탄신일로 고집한다면 그런 근거가 있어야 함에도 그에 따른 합당한 명분이 부족하다고 본다. 고타마 싯다르타도 예수와 마찬가지로 출생에 관한 확실한 기록이 없다. 석가모니가 인도 카필라국의 왕자로 태어날 당시의 정확한 기록이 남아 있지 않다고 한다.

인도에서는 붓다 탄신일을 "Buddha Purnima Vesak Day"이라고 해서 그레고리력으로 음력 4월 보름날을 탄신일로 하고 있다. 산스크리트어로 뿌르니마(Purnima)는 보름달을 뜻하고 베삭(Vesak)은 탄생을 의미한다. 즉 그레고리력의 음력 4월 보름달이 뜬 날에 붓다가 태어났다고 보는 것이다. 일부에서는 음력 2월 8일을 붓다 탄신일로 주장하는 경우도 있다.

지역과 종파별로 세분하자면 스리랑카를 비롯한 남아시아 지역의 소승불교(남방불교)와 티베트를 중심으로 하는 중앙아시아의 라마불교(티베트불교)에서는 음력 4월 보름날을 붓다 탄신일로 본다. 반면 동아시아 지역의 대승불교(북방불교)권에서 가장 먼저 불교를 받아들인 중국의 경우 그들 특유의 중화사상에 입각하여 호랑이띠(갑인년) 초파일(음력 4월 8일)을 붓다 탄신 년, 월, 일로 각색한 것이다. 우리나라는 지금도 이 날짜를 고수하고 있지만, 일본의 경우 양력 4월 8일에 초파일 기념행사를 하고 있는 실정이다.

고대 서양에 율리우스력이 있었듯이 동양에서도 옛날에 그 나라마다 다르게 적용되었던 율력에 따른 보름날의 날짜가 관습적으로 이어지다 보니 붓다 탄신일도 각기 다르게 기념되었지 않았겠느냐는 생각이 든다. 아무튼 남방불교 국가와 북방불교 국가 간의 각기 다른 붓다 탄신일에 대하여 1999년 UN에서 음력 4월 15일을 공식 부처 탄신일로 지정했다.

그렇다면 한국 불교는 석가모니가 탄생한 나라인 인도의 석가탄신일과 UN에서 결의하여 지정된 날을 부인하고 명확한 근거가 희박한 중국식 탄신일에 맞춰 봉축을 고집하는 이유가 이해되지 않는다. 석가모니 부처가 이 한반도에서 탄생한 것이 아니라면 태어난 곳에서 봉축하는 날로 맞추는 것이 올바르다.

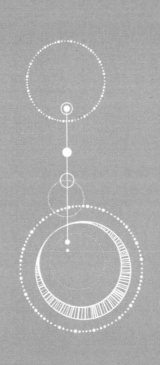

제8장

우리가 지향해야 할
종교관

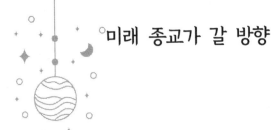

미래 종교가 갈 방향

다원주의에 주목하라

홀로 됨은 심층 종교를 지향하는 종교적 삶에 있어서 중요함을 일깨워 주는 말이다. 불교에서 말하는 공(空), 기독교에서의 없이 계심, 도가에서 말하는 무(無)라는 가르침이다.

있음과 없음의 한쪽만의 범주로 제약이 불가능한 궁극적 실재이며 있음과 없음을 함께 아우르는 의미의 표현이다. 즉 생겨나지도 멸하지도 않는 절대적 진리를 의미하는 진공묘유도 동일한 맥락이라고 본다.

심층 종교인은 지금의 나, 사사로운 나, 이기적인 나로 살아가는 삶이 궁극적 삶이 아니라는 것을 터득한 이들을 이르는 표현이다.

이 세상에 살고는 있지만 세상에 속하지는 않는다고 표현할 수도 있겠다. 어쩌면 과거나 미래라는 시간개념에서 벗어나고 이곳저곳이라는 공간의 제약에서도 자유스러운 존재로 이를테면 영원한 현재에 머무는 참나를 이름이다.

삶과 죽음이라는 것은 어쩌면 단순한 존재 형태의 변화일 뿐이다. 다석 유영모는 "종교의 핵심은 죽음이다. 죽는 연습이 철학이요, 죽음을 없이 하자는 것이 종교다. 죽음의 연습은 생명을 기르기 위해서다"라고 설파했다.

이는 중세 그리스도교 신비주의자들이 무덤 옆에서 명상하던 "죽음을 생각하라(Memento Mori)"는 수행법을 연상시킨다.

불교에서 말하는 무아(無我)나 유교에서 말하는 무사(無私), 이슬람에서 말하는 파나(Fana) 등에서 죽음과 관련하여 이기적 자아(Ego)를 없애라고 주문하고 있다.

예수도 마태복음 16장 25절에서 "누구든지 자기 목숨을 구하고자 하는 사람은 잃을 것이요, 나 때문에 자기 목숨을 잃는 사람은 찾을 것이다"라고 했다. 장자에서도 내가 나를 여읜다는 뜻의 오상아(吾喪我) 체험도 동일한 범주로 볼 수 있겠다.

이는 사적인 자아(自我) 소아(小我)를 버리고 대아(大我) 진아(眞我)로 부활하는 역설적 진리를 체득하라는 의미이다. 이는 자기 내면의 의식적이고 자기중심적인 나를 내쫓는다는 의미이다.

종교를 포함한 이 세상의 모든 것이 그 출발점이 같은 하나로 시작해서 종국에는 또다시 하나로 돌아가게 된다. 노자의 서물(書物, 도덕경) 28장 우주편에도 대제불할(大制不割)이라고 하여 훌륭한 모양은 나누어지지 않는다고 했다.

분석적이고 이분법적인 세계관에서 해방되어 근원으로서의 하나로 돌아감으로써 양면을 동시에 보는 통전(通典)적이고 초이분법(超二分法)적 의식구조를 견지해야 한다는 이야기이다.

기독교에서 예수를 아버지와 아들이 하나임을 믿은 것처럼 삶과 죽음을 대립 구도가 아닌 이를 통합하여 하나로 승화하는 길을 제대로 '믿은 이'로 본다. 즉 전통적으로 내려오는 교리 체계나 사상을 무조건 답습한다는 것이 아니라 사물의 진실을 스스로 깨치고 그 확신으로 실천한다는 의미이다. 각 종교마다의 교리를 받아들이는 단순 믿음이 아니라 교주가 지녔던 그런 신앙을 강조하는 것이다.

기도로써 자신의 가슴 속에 순간순간 그리스도가 탄생해야 하며 붓다처럼 끊임없는 정진으로 성불해야 한다고 본다. 즉 말로써 무엇을 비는 탄원 기도가 아닌 조용히 사고를 일으키는 참선 기도가 중요한 것이다.

그리스도인들이라면 예수의 승천과 재림을 문자 그대로 믿는 것에 머물 것이 아니라 우리도 예수처럼 하늘로 솟아올라야 마땅하다고 본다. 예수가 다시 오기만을 기다리는 것은 어쩌면 부질없는 일인 것이다.

기도로 생각을 낳는 행위나 깨침을 얻는 행위는 이기적인 나에서 참나와 하나 되는 행위를 의미한다. 이는 내면에서 생각의 불이 붙어 과거의 내가 타 없어지고 새로운 재탄생을 의미하는 것이기도 하다.

머리를 위로 우러러 들게 하는 거룩한 생각은 사람을 영원히 살리는 불꽃이다. 마치 나무에 불을 사르듯이 자기의 정신이 활활 타올라야 한다. 우리는 성령을 통해 본래의 작은 형틀을 태우고 새로운 형틀로 솟아나야 한다.

불교 그리스도교 이슬람교 등 지금껏 보아온 대로 종교의 전통적인 차이가 아니라 표층 종교냐 심층 종교냐로 구분 짓고 그것이 어느 전통이든 모두를 참으로 하나 되게 모아 주는 힘이라고 본다.

궁극적으로는 모든 종교와 종파를 아우르고 서로 회통이 되어야 한다. 하나님을 모시는 기독교, 빈탕의 불교, 제사 지내듯 정성을 다하는 자세의 유교 등이 하나의 카테고리, 즉 다원주의로 나아가야 한다.

최선을 다해 가르침을 실천하라

우리는 유일신의 창조론을 내세우며 무조건 의지하고 믿어야 한다면서 죄와 벌을 주장하는 교리나 단체를 일컬어 종교라고 알고 있다. 그러나 엄격한 측면에서 판단하건대 그것은 종교가 아니라 종교적 신념(religious faith)에 불과하다.

불교는 부처가 영원히 행복하고 편안하며 자유로운 삶을 살고자 우주의 생성과 소멸은 물론 우주 안팎의 시간과 공간, 그리고 그 속에서 태어나고 죽는 갖가지 삶들의 원인, 과정, 결과를 직관한 후, 사람들도 역시 부처와 같은 경지에 이르게 하고자 알린 가르침이다. 부처의 가르침을 믿고 이해하고 실천하면 그때부터, 그 순간마다 행복하고 편안하며 자유로울 수 있으므로 일반인도 부처가 될 수 있는 것이다. 뛰어난 과학자들은 불교를 더할 나위 없는 과학이라고 하였고, 뛰어난 철학자들 역시 불교를 더할 나위 없는 철학이라 하였다.

인류가 생겨난 이래 동서양의 많은 사람이 늙고 병들어 죽는 것에 대한 문제로 고통스러워했다. 특히 부처가 인간으로 태어났을 즈음인 2,500여 년 전후에 활동했던 희랍의 천재 소크라테스는 받지 않아도 좋았을 독배를 마시게 되었다. 그는 삶에서 죽음으로 들어서는 과정만이라도 제자들에게 알려주고자 입으로 머금은 독약의 느낌이라든가, 목구멍으로 넘어가는, 장기에 머무는, 또한 혈액을 따라 온몸으로 퍼져 나가는 과정에서 느꼈던 느낌과 통증을 제자들에게 알리려 하였으나 결국 혀가 굳으면서 알리지 못한 채 눈을 감았다. 중국의 노자는 우주의 생성(빅뱅)과 소멸(블랙홀), 인간의 탄생과 죽음에 대한 사실을 알리고자 하였으나 결국은 이 세상을 하직하고 말았다.

부처는 저 넓은 우주가 왜, 어떻게, 무엇 때문에, 무엇을 위해 생겨나고 사라지는 것은 물론 인간과 모든 생명체가 왜 태어나고 늙고 병들어 죽어야 하는지와, 어떻게 해야 현재의 허망할 수밖에 없는 고통스러운 삶은 물론 죽음을 뛰어넘어 영원히 행복하고 편안하며 자유로울 수 있다는 사실을 깨달은 후 그 사실을 사람들에게 가르쳤다.

부처의 가르침을 전달하는 수행자들과 경전들의 옳고 그름을 잘 살피고 선택하여 실천해야 한다. 의심하고 또 의심하되, 믿을 가치가 있다고 여기게 되면 믿으면서 최선을 다해야 한다. 그러나 그런 믿음과 실천 속에서도 무엇인가 잘못되었다거나, 더는 배울 것이 없다는 생각이 든다면, 그때는 조금도 미련 없이 더 믿을 수 있는 것을 찾아 나서야 한다.

진정한 종교는 어디로 사라졌나

진실된 종교시설의 부재

젊었던 시절 크리스마스 시즌이 돌아오면 교회에서는 성가대가 크리스마스 새벽에 신자들의 집 앞을 돌며 성탄에 관한 찬송가를 불러대던 기억이 난다. 하지만 언제부터인가 새벽송을 도는 교회는 찾아볼 수 없게 됐고, TV에서 연합성가대의 '주의 영광' '할렐루야' 합창도 보기 어렵게 됐다.

천주교 방송까지 합하면 기독교 방송국이 수적으로는 다섯이나 되지만 크리스마스이브와 성탄절 당일만이라도 광고 없이 낭랑한 성경 봉독과 성탄 찬송들 그리고 장엄한 교향곡이나 메시아 연속방송을 볼 수 없는 사유를 알 도리가 없다. 늘 말하지만, 종교란 정신 영역과 영혼의 구원임에도 이 나라의 종교들은 현세의 부귀만을 갈구하고 강조하는 일종의 샤머니즘화 된 지 오래다.

1년에 단 하루만이라도 가서 무릎 꿇고 기도드리고 싶은 성당, 교회, 절과 암자가 있었으면 하는 마음이 간절하다. 찻집이나 커피숍과 식당이 없는 그런 종교시설 말이다. 몸이 필요로 하는 음식 냄새 없이 마음의 향불을 고즈넉하게 내 영혼에 담을 수 있는 그런 종교시설이 그립다. 어느 지방의 언덕배기에 세워진 조그마한 성당과 어느 산속에 파묻힌 암자에 들어가 두 손 모았던 그 추억이 그리워지는 날이다.

가르침을 저버린 종교인

승려 신부 목사들 중에서 자신의 삶보다 사람들의 영혼이 더 중하다는 생각으로 살고 있는 이들이 얼마나 있을까?

신부와 목사로서 신약성서 누가복음 15장 11절부터 32절의 탕자의 비유가 탕자였던 둘째 아들의 귀환을 얘기하는 그 사실보다는 31절의 "너는 항상 나와 함께 있으니 모든 것이 다 네 것이로되"에 중점이 있고 신부와 목사 등의 태도와 삶을 바로잡는 말씀으로 받아들이는 자 몇이나 되며, 승려라는 사람들 가운데 능단반야바라밀다경(能斷般若波羅蜜多經)의 첫 구절이 수행을 하는 사람으로서 밥을 먹는 방법부터 가르치고 있음을 깨달아 그 가르침대로 자신의 육신 공양을 실천하는 스님이 과연 몇이나 될까?

밤에 시가지를 내려다보면 별처럼 빛나는 빨간 십자가 중 괴로운 영혼을 가진 사람들이 아무 때나 마음 내키는 대로 들어가서 거기에 꿇어앉아 기도하면 어느 새인지도 모르게 조용히 교역자가 옆에 다가와 함께 기도하는 곳이 얼마나 있을까?

절집 부처님 앞에 꿇어앉아 기도하는 신도 곁에 말없이 함께 무릎 꿇고서 나지막이 경을 외우는 스님을 지금도 볼 수 있을까? 혹시 법당에 들어오더라도 불전함부터 눈을 돌리는 건 아닐까?

우리나라에 진정한 종교가 사라진 지는 오래됐다고 본다. 종교와 언론은 탄압 아래서만 자라고 성숙하는 기묘한 생명체이니까! 신부 목사 승려 모두 먹고살기 위한 직업의 하나로 변질된 지 오래되지 않았는가?

창조주를 모독하고 인류를 절멸시키는 행위

천주교 신부를 경시(輕視)한다는 말이 종교를 차별하는 뜻은 아니다. 필자의 신부나 승려 경시는 사람이 사람답게 살지 못하는 것에 대한 근원적 견해에서 나오는 것이다.

크리스트교적으로 고려할 때, 하나님이 세상과 사람을 창조하실 때 그 목적 가운데 하나가 종족을 번성하라는 것이었다. 그러한 하나님의 의지에 반하여 독신으로 생활하며 후손을 생산하지 않는 것은 첫째로 창조주를 모독하는 행위이고, 둘째로는 형제인 인류를 절멸시키는 행위에 지나지 않다.

다른 말로 표현하면 자연의 섭리를 왜곡하고 위배되는 행위의 하나가 독신으로 번성을 포기하는 것이라는 말이다. 젊은 시절 당시 존경하던 신부님을 찾아갔을 때 그의 생활공간에는 담배도 있었고 향내 나는 알코올도 있었다. 그러나 그분은 남성의 성욕 억제제가 든 배급품이기에 내게는 줄 수 없다고 설명했다.

하나님이 주신 기능을 그렇게 억제제를 넣어 먹고 마셔야만 지킬 수 있는 규칙이라면 그것은 창조주 하나님을 모독하는 것이라는 의견에 그 신부도 동의하였다. 다소 비약적이긴 하겠지만 목적을 위한 수단이 정상적이지 않은 것은 공산주의나 천주교가 다를 바가 없다. 직업조차도 가질 수 없는 신분이었던 과거 인도의 불가촉천민이 빌어먹고 얻어먹기 위해 고의로 신체 일부를 훼손하여 불구가 되는 것과 무엇이 다른가.

예전에 우리 군인들에게 배급한 화랑 담배 한 갑 중에서 한 개비에는 성욕 억제제가 들어있었으나 이는 특수한 상황에서 일시적으로 전력을 확보하기 위함이었을 뿐 군인들을 성적 불구로 만들 목적은 아니었다. 성욕 억제 배급품에 대하여 성령이 어쩌고 할 사람들이 있을 수도 있겠지만 그것은 가식일 뿐이다.

타력으로 억제해야만 하는 부자연적인 신앙은 꼭 있어야만 하는 게 아니다. 정 그래야 한다면 신앙심이나 정신력으로 온전히 극복할 수 있어야만 한다.

스토아학파의 자연법 윤리 사상에서 비롯된 서양의 자연법사상을 선이라 인정하고 있으며 성경에서 비롯했다는 근거도 있다. 따라서 가톨릭에 신성의 일부인 자연법을 부정하는 자가당착에 해당한다고도 볼 수 있다.

종교를 종교로 신앙하는 국민

우리나라의 많은 사람은 공자와 맹자가 설파한 정치사상을 종교로 오인하여 유교(儒敎)를 종교의 일종으로 아는 이들이 있는데 이 유교란 '선비들의 가르침'이라는 뜻일 따름일 뿐 종교는 아니다.

창시자로 보아야 할 공자 자신에게 내세를 묻는 제자에게 "이 세상을 사는 것도 모르는데 내세를 알아 무얼 하겠느냐?"고 대답했기에 그의 교훈은 오직 살고 있는 사람들의 생활 규범과 정치적 도의에 한정됨으로 종교로 판별할 도리가 없는 것이다.

다 같은 공맹의 사상을 가지고도 중국에서는 정치적 규율로써 후세에도 주돈이의 성리학으로 발전은 했으나 종교화하지는 않았는데 이것이 우리나라에 들어와서는 정치를 하는 계층 즉 유생들과 유림들이 자신들의 권위보강을 위해 도의 가운데서 제례 부분을 특히 강조하여 조상숭배를 제1위에 두어 반종교화시켰을 뿐으로 보아야 한다. 말하자면 하나의 통치수단이었다.

다시 강조한다면 죽음과 내세에 대한 신념이 결여된 사상은 종교는 아니다. 종교란 영혼의 구원방법을 그것이 옳든 그르든 포괄하는 개념이다. 또 하나, 노자와 장자의 무위자연 사상을 신선사고와 결합하여 이른바 도교로 통칭하고는 있으나 이 역시 자연과 내가 하나라고 하는 데까지는 이르렀으나, '나'라는 인간의 존재를 육신과 영혼으로 구별조차 하지 못했기에 종교의 범주에는 넣을 수 없다고 아니할 수 없다.

유교와 도교가 발생한 본거지에서는 유가 도가로 다른 사고를 펼친 백가(百家)들과 같은 하나의 학문적 집단으로만 2,000여 년의 세월을 끊이지 않고 전승되어온 사상을 우리 한반도에서는 그러한 사고를 하는 사람조차 없었기에, 유교 도교로 종교화하고 말았던 것이다.

지금 한반도의 북쪽은 공산주의를 도입한 지 70여 년이 되었는데 그것이 공산주의 사상으로 존재하는 것이 아니라, 김일성교로 변질되어 버렸다고 볼 수밖에 없다.

기독교인들이 하나님을 아버지로 삼는 것과 북한 사람들이 김일성을 어버이 수령님으로 부르는 것은 일종의 종교불모지 주민들의 귀속본능으로 보아야 한다. 진정한 종교는 영혼의 구원에 그 근본 목적이 있기 때문에 특정 인물을 절대로 신격화할 수가 없다.

종교를 종교로 신앙하는 국민이 되어야 한다. 종교 아닌 것을 종교로 삼는 것이야말로 인간의 자유를 말살하는 첩경이다.

진정한 종교라면 영적 교화에 전념하라

태국에서는 몇 해 전 사망한 국왕의 시신을 1년간 모셨다가 불교식의 국가적인 다비식을 거행했고, 그 나라 국민들은 누구라 할 것 없이 검은 옷을 입었다. 이 태국은 세계에서 가장 특이한 종교적 신앙을 국가가 가진 나라이다.

종교 때문에 전 세계의 저개발 국가들이 거의 모두 서양의 강한 총과 중국 사람들이 발명은 했지만, 놀이용으로 쓰던 화약으로 대포와 폭탄을 만든 것 때문에 서구제국의 침략을 받고 피통치국으로 전락했으나 이 태국만은 그 어떤 총이나 대포 폭탄으로도 점령할 수 없었다.

태국에는 도시, 농촌 할 것 없이 어디를 가나 길가든 집 안이든 부처상이 모셔져 있고 그 숫자가 태국 전체 국민보다도 더 많으며, 국민으로 남자이면 그의 생애의 어느 특정 기간은 반드시 스님이어야만 한다.

이러한 전 국민의 스님제도는 자신이 죽는 것은 두려워하지 않지만, 길가에 안치된 나무, 흙, 돌들로 조상(彫像)된 부처님을 누구든 해친 경우에는 생명을 걸고 싸워서라도 보호하기 때문이다.

어느 나라든 과거의 역사를 보면 태평성세가 30년만 지속되면 그 나라의 국민정신은 일락(佚樂)과 일탈(逸脫)에 빠져들어 향락을 일삼는 퇴폐로 망하게 된다. 전 국민이 일정 기간 스님으로 교차되는 나라는 그런 일락이나 일탈에 빠져들 겨를이 없다. 그래서 백 년 동안 평화가 지속되어도 그 상태를 그대로 유지한다. 과거 우리나라도 신라 전성기에 지속되는 평화의 시기가 있었지만 국가의 젊은이들을 화랑이란 이름으로 끊임없이 오계를 가르쳤고 육체적으로는 강한 훈련을 시켰었다.

미국에서는 한때 미국의 지성인을 보스토니언(Bostonian)이라고 일컬었다. 그 대학생들(보스토니언 후보들)이 먼저 오피오이드(Opioid, 합성마약)와 성 소수자의 선봉을 가고 있는 것을 막아내지 못하면 미국의 경제나 군사력도 결과적으로는 아무짝에도 쓸모없어지고 말 것이다.

중세의 로마가 문화에서 뒤쳐졌었는가? 군사력에서 나약했었는가? 경제력이 타국들보다 못했던가? 모두 아니다. 그 당시의 종교였던 가톨릭과 교황이 아는 것이라고는 돈밖에 없었고 국가권력에 앞서려고 했던 까닭에 망했던 것이다.

지금 우리나라의 현황도 작금의 종교를 들여다보면 아는 것이 돈뿐인 시대로 질주하고 있다. 따라서 우리나라를 유지 발전하려면 기존의 종교단체든 신흥의 자생종교에 대하여 정부 부처 직제상의 기구 신설과 관련 규제가 있어야 한다.

종교 관련 기구가 국민의 영적이고 정신적인 교화에만 전념토록 규제하여야 할 것이다. 종교단체와 종교인이 정치와 사회제도로 한몫하고자 나선다면 이 나라는 온전치 못할 것이라는 점을 알아야 한다.

성경 정신

크리스마스(Christmas)는 예수 그리스도(Jesus Chist)의 탄신 기념일이다. 크리스마스는 영어로 그리스도(Christ)의 미사(mass)라는 의미이다. 그리스도는 흔히 이름으로 알려져 있는데 이는 흐리스토스(Christos)라는 그리스어 호칭을 번역한 말이다. 미사는 히브리어 '메시아'를 옮긴 것으로 원래는 기름이란 뜻이지만 '기름 부음을 받은 자'로 해석한다. 또한, 예수가 태어났다고 추정하는 날을 'X-mas'라고 쓰는 경우의 X 는 그리스어의 'XPIETOZ'의 첫 글자를 이용한 표기이다.

예수가 요셉의 아들로 베들레헴의 마구간에서 태어나던 날 가장 먼저 그 탄생을 축하하러 방문한 동방박사 세 명이 황금과 유향과 몰약을 선물했다고 마태복음은 기록하고 있다. 그러나 강보에 싸인 아기 예수는 아버지 요셉과 어머니 마리아에 의해 태어난 이스라엘에서 살지도 못하고 헤롯왕을 피해 이집트로 도망쳐 자랐다. 가난했던 목수 요셉이 헤롯왕을 피해 이집트로 피신할 수 있었던 자금은 아마도 동방박사들이 건네준 황금이었으리라.

당시의 이스라엘에서 동방으로 부르던 곳(나라)은 어디였는지와 헤롯이 죽은 뒤에 이집트에서 가나안 땅으로 돌아와 재정착한 시기 등에 관해서는 성경에 기록이 없다. 그 당시의 동방이라면 이란, 이라크, 사우디, 아프간이었을 것이고 더 멀리로는 인도가 있는데 그때는 이 지역들에 이슬람교는 없었고 불교가 성황을 이루던 시기였다. 어찌 되었든 예수는 태어나면서부터 정권의 압제를 받았고 죽을 시기에는 로마의 통치하에 있었던 것만은 성경이 부정할 수 없도록 서술되어 있다.

이러한 환경과 여건하에서 자라난 예수는 광야(?)의 고행을 십수 년간 행한 뒤 서른 살이 넘은 나이에 이른바 복음(Gospel)을 펼치면서도 이스라엘 정부의 탄압이나 로마의 압제에 대해서는 일언반구의 항거나 반대도 한 적이 없고 사회개혁을 주장한 일도 없는 것으로 복음서들은 전하고 있다.

다른 말로 표현하면 예수의 복음이란 이 세상의 권력이나 사회제도에 대해서는 오불관언(吾不關焉)이었고 오직 영혼의 구원과 인간의 영생만을 추구하고 전파했던 것이다. 한국의 기독교계인 천주교, 개신교, 성공회, 구세군 등이 종파구별 없이 이 정신을 본받기를 기대해 본다.

21세기의 종교와 과학

여태까지는 흔히들 과학은 물질을 탐구하는 것으로, 그리고 종교는 인간의 정신 및 영혼의 자유를 회자하는 것 정도로 이해해 왔다.

그런데 양자역학(Quantum Theory)이 초기 단계를 벗어나 물질만으로는 이해될 수 없는 이 우주 현상을 고찰하게 된 이래로 급진적으로 물질 이외의 요소가 우주를 지배하는 동력의 하나임을 깨닫게 된 것이다.

급기야는 2017년에 들어 양자역학의 순수과학이 성경 불경 코란 기타 그 어느 종교의 교리와 교설에 상관없이도 인간의 정신이 물질에 크게 작용한다는 진실을 발견하기에 이르렀다. 다른 표현으로 바꾸면 과학인 양자역학이 정신의 세계와 물질의 세계가 둘이 아니라 하나임을 밝히는 단계로 진입했다는 사실이다.

물론 아직은 초기 단계이기는 하지만 한편으로 종교들을 고찰해보건대 종교들 가운데는 어떻게 표현하든 인간의 지능과는 연관 없는 절대자가 있어 그 절대자(Das Absolute)의 의지에 의해 이 우주와 인간은 창조되었고 그만이 지배자라고 하는 종교와 우주 만물 그 어느 것도 우리 인간의 사고와 인식이 없이는 존재하지 않는다고 하는 절대인간 중심의 종교로 나뉘어 있으며, 전자는 기독교와 이슬람이, 후자는 불교와 자이나교가 대표하고 있다.

현대과학이 과거에는 종교의 영역이든 정신세계에도 분석의 예리한 칼날을 들이대는 시점에 이른 오늘날 절대자를 설정하고 신앙하던 종교의 향방은 어디로 그 방향을 재설정해야 할 것인지를 깊이 연구하지 않으면 아니 될 것이고 절대인간 중심의 종교는 현대과학을 리드하는 위치에서 타락했던 과거를 청산하는 작업을 서둘러야만 할 것으로 본다.

이제 우리 인류도 희망을 새롭게 가질 때가 왔다. 이제 과학은 영적인 신과학으로 첫발을 떼어 놓았다. 아인슈타인이 예상했던 대로이다.

NASA에서 양자역학을 하는 과학자들은 지구에서 우주 공간에 쏘아올린 인공위성으로 물질의 기본 중 하나인 광자(photon) 한 개를 그 어떤 장치도 없이 단지 인간의 염력(念力, Teleport)으로만 보내는 데 성공했다고 한다.

즉 로켓 발사라야만 무엇을 보낼 수 있다는 시대가 아닌 인간의 염력으로도 물체를 이동시킬 수 있는 새 시대가 열릴 수 있다는 희망을 보게 되었다. 인류의 과학은 여기서 크게 한 걸음을 더 앞으로 내디뎠다고 할 수 있다.

이것은 언어로는 표현할 수 없는 새로운 세상이 온다는 뜻이다. 자칫 무슨 말인지 모르는 이들이 많을 수도 있겠지만, 이제는 우리 인간이 생각만으로도 물질을 여기서 저기로 공간이동을 자유로이 움직이도록 할 수 있다는 단초를 발견한 것이다.

이것이 더욱 발전하고 개발될 경우, 우리 인류는 고대의 그 많은 신화에서 보는 것처럼 아무런 장치 없이도 인간 자체로 하늘을 날 수도 있고 달이나 화성 그 어느 곳에라도 생각대로 왔다 갔다 할 수 있다는 설정이 현실로 실현된다는 얘기이다.

우리 인류는 필요한 에너지를 얻기 위해 수없이 많은 노력을 해 왔고 결국에는 원자력으로 전기를 생산하여 이용하는 단계에 와 있다. 동시에 그만큼의 위험성도 상존하지만, 앞으로 우주 공간에 태양광 발전소를 만들고 거기서부터 전기를 파장으로 바꾸어 지상으로 보내고 지상에서는 전력이 필요한 곳마다 그 파동의 수신과 전력으로의 재변환 장치만을 이용할 때가 오지 않는다고 그 누가 장담을 할 수 있겠는가 말이다.

이렇게 된다면, 지구상에서의 전력 발전소나 시설은 전혀 필요가 없게 될 것이다. 집이든 공장이든 자동차든 항공기든 선박이든 그 어떤 에너지를 필요로 하는 것들일지라도 간단한 수신과 변환장치만을 달아 우주 공간에서 생산되는 무한한 에너지(태양광)를 마음껏 쓸 수 있게 될 수도 있을 것이다.

현재로서 이것이 불가능한 이유는 오직 전기를 파동 에너지로 변화시켰다가 그 파동을 다시 전기로 변환시키는 방법을 모르기 때문일 따름이지만 이 장애의 해소가 불가능하다는 말을 함부로 단정해서는 안 될 것이다.

과학은 불가능을 가능으로 만드는 우리의 수단이기 때문이다. 따라서 우리의 젊은이들은 이념이나 사상에 얽매이지 말고 우리가 인류의 일원이라는 의식으로 보다 진취적인, 인류 보편의 정당성과 타당성을 위해 뛰어가는 역할에 나서주기를 바랄 뿐이다.

21세기 과학 시대를 적극적으로 맞이해야 하지 않겠는가?

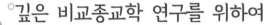

깊은 비교종교학 연구를 위하여

어떤 종교를 막론하고 정도의 차이만 있을 뿐이지 독선과 배타적인 요소가 전혀 없다고는 할 수 없을 것이다. 이러한 색채가 가장 옅은 종교로는 힌두교를 꼽을 수 있겠고 제일 강한 색채의 종교로는 기독교를 우선적으로 들 수 있겠다.

그 색채가 가장 강하며 유일신 사상으로 무장한 기독교의 경우 한동안 로마제국에 의해 핍박받아오던 기독교가 콘스탄티누스 황제 때 전격적인 국교로 받아들이기 전까지는 유일사상이라는 개념이 성경 그 어디에 없었다. 소위 모든 길은 로마로 통한다고 하듯이 우월주의에 도취되었던 로마는 자신들이 믿는 종교는 뭔가 특별해야 한다는 차원에서 유일신 개념을 교리에 삽입했다. 오히려 출애굽기에는 '너는 나 이외의 다른 신을 내 앞에 두지 말라'는 문구가 있었을 뿐이다. 이 문구를 뒤집으면 많은 다른 신들이 있음을 인정하는 내용인 것이다.

일전에 어느 신학대학의 교수라는 사람이 성철스님의 불교사상은 권위주의하에서만 맞는다는 글을 접한 적이 있었다. 신학대학의 커리큘럼에는 반드시 불교, 이슬람교, 힌두교, 배화교 등 타 종교의 기본적인 요체(要體)를 가르쳐야 하고 승가대학의 경우는 역으로 기본적인 차원에서 기독교 등 다른 종교의 교리를 교과과정으로 가르쳐 진실로 타 종교를 이해시켜야 한다고 본다.

예를 들어 신학자와 목사가 배타적인 선입견으로 타 종교를 마귀라고 한다거나 승려와 비구니가 주관적인 관점으로 타 종교를 매도하는 행위는 영구적으로 사라져야만 한다.

모든 종교의 귀착점은 단 하나로 우리 인간들의 죽음과 그 사후에 맞춰져 있다고 본다. 사후를 생각하지 않으면 현실의 삶을 바르게 가질 수가 없기 때문이다. 또한, 모든 종교와 종파의 마지막 지향점(Goal, 골)의 종국(終局)은 동일하다고 본다. 이를 두고 다르다고 주장하거나 강변한다면 그것은 최악의 경우라고 말할 수밖에 없다.

필자가 확인한 바로는 우리나라엔 아직도 각 종교 간의 균형감각을 토대로 한 보편적 시각과 객관적 견지에서 제대로 서술된 비교종교학 교재가 없는 것으로 알고 있다. 말년에 여건과 체력이 뒷받침된다면 균형감과 객관적이고 보편적인 관점에 입각하여 어떤 종교나 종파에서도 채택에 무리가 없는 제대로 기술된 비교종교학 교재를 발간하고 싶다.

에필로그

인류가 수렵 채취 생활을 하다가 유색인종이 5~6천 년 전에 농경 정착 생활을 시작하면서 4대 문명을 비롯하여 대부분의 문명과 국가를 일으켰다. 그러니까 2~3천 년 전까지는 유색인종이 세계를 지배하였던 것이다.

백인종은 수렵과 유목 생활을 계속해 오면서 동양문명을 동경해 오다가 약 2~3천 년 전에야 황하 문명을 제외한 3대 문명을 정복하였고 근세에 식민 제국주의 팽창으로 전 세계가 서양 주도로 모든 문화가 서구화되어 가고 있다.

어떤 민족의 문화는 그 민족의 체질, 국민성, 기후, 풍토의 영향을 받아 오랜 세월을 거쳐 토착된 것으로 쉽게 바꿀 수 없고 바꾸면 부작용이 생길 수밖에 없다. 따라서 모든 문화는 그 문화가 형성된 당위성이 있으므로 옳고 그름이나 우열을 쉽게 단정 지을 수 없다.

우리 인류의 원시종교 형태를 살펴보자면 무교(巫敎)와 선교(仙敎)로 나눌 수 있다고 본다. 선교를 자연적인 측면의 접근방식이라면 무교는 초자연적 혹은 초월적인 측면의 사고방식으로 볼 수 있다. 또한, 선교는 영육(靈肉)일원론과 영육이원론으로 나눠볼 수 있겠다. 서양에서는 이를 태양 등 자연물에 정령이 있다고 믿는 애니미즘(animism), 자기 부족의 기원이 특정한 동물이나 식물에서 유래하였다고 믿는 토테미즘(totemism), 무당을 통해서 초자연적인 존재와 인간 세계를 연결하고자 하는 샤머니즘(shamanism)으로 나눈다.

근·현대에 들어오면서 고등종교와 과학을 연결하는 분야로 철학을 언급할 수 있겠다. 철학은 과학에는 길을 제공하고 종교에는 합리성을 제공하였다. 삶의 세계와 죽음의 세계는 모두 우주의 일부분이다. 단지 사후에는 에너지의 차원이 다르기 때문에 육신(肉身)이나 혼(魄)을 가지고는 갈 수 없으며, 죽음 이후의 세계는 에너지의 레벨이 다양하기 때문에 사람이 죽으면 영혼백(靈魂魄) 중에서 영(靈)은 그 에너지에 맞는 곳으로 방향성을 가지고 우주의 한 공간으로 이동하고, 백(魄)은 땅속의 육신과 함께하며 혼(魂)은 영과 백 사이를 염속(念速)으로 이동한다. 우리가 공부를 하고 수행을 하고 덕을 쌓는 등의 모든 행위가 결국은 영혼의 에너지를 높이는 일인 것이다. 영혼의 에너지가 높은 사람은 만물에 널리 이로움을 주는 인간이다. 그것을 우리 민족은 홍익인간으로 표현한 것이다. 그런데 현대 종교들은 물질 위에서 성장하면서 철학적 사고를 잃어버렸다.

필자는 이 책을 집필하면서 각 종교의 교리는 가능한 한 배제하고 객관적인 차원의 소재와 시각으로 접근하고자 노력했다.

辛丑年 臘月 성남 齊和軒에서

觀德 임주완

우리가 몰랐던 종교의 진짜 모습

초판 1쇄   2022년 11월 28일

지은이   임주완
발행인   김재홍
디자인   김혜린
마케팅   이연실

발행처   도서출판지식공감
브랜드   비움과채움
등록번호   제2019-000164호
주소   서울특별시 영등포구 경인로82길 3-4 센터플러스 1117호 문래동1가
전화   02-3141-2700
팩스   02-322-3089
홈페이지   www.bookdaum.com
이메일   jisikwon@naver.com

가격   18,000원
ISBN   979-11-5622-760-1 93210